VOLTAIRE,

OU

LE TRIOMPHE

DE

LA PHILOSOPHIE MODERNE,

POEME.

VOLTAIRE,

OU

LE TRIOMPHE

DE LA PHILOSOPHIE MODERNE,

POÈME EN HUIT CHANTS,

AVEC UN ÉPILOGUE;

SUIVI DE DIVERSES PIÈCES EN VERS ET EN PROSE.

PAR JOSEPH BERCHOUX.

SECONDE ÉDITION, REVUE, CORRIGÉE ET AUGMENTÉE.

A PARIS,

CHEZ L. G. MICHAUD, IMPRIMEUR-LIBRAIRE,

RUE DES BONS-ENFANTS, N°. 34.

M. DCCC. XVII.

AVERTISSEMENT

DE L'ÉDITEUR

SUR CETTE SECONDE ÉDITION.

UNE seconde édition de ce poème ne saurait paraître dans une circonstance plus favorable. Puisqu'on cherche de toutes parts à propager les outrages de la philosophie moderne, il faut bien que, d'un autre côté, les amis de la religion et des bonnes mœurs cherchent à employer tous les moyens qui sont en leur pouvoir contre le torrent qui menace d'engloutir tous les principes conservateurs de la société. On a bien souvent opposé aux novateurs des raisonnements qui auraient dû les confondre : une fatale expérience aurait dû les confondre davantage encore. Il est difficile de concevoir la cause d'une longue erreur qui leur est si chère, et dont ils risquent d'être encore victimes eux-mêmes. Ils sont épris, disent-ils, des talents *prodigieux qui ont fait faire un pas de géant au siècle.* Il s'agit de savoir si ce pas a conduit le siècle vers le bonheur et la perfection. Nous ne songeons point à disputer à Voltaire des talents, même prodigieux ; mais les talents donnent-ils le droit de bouleverser impunément la société ; et, pour nous servir des expressions de l'auteur du poème de Voltaire, *un beau style n'est-il pas un crime de plus, quand il propage une morale impie ?* Les amateurs de beau style sont forcés de convenir aujourd'hui que la religion est un des premiers besoins de l'homme : ne seront-ils pas forcés de convenir aussi que Voltaire a outragé, pendant les trente dernières années de sa vie, la religion chrétienne de la manière la plus infâme, et qu'il a hautement exprimé le vœu de la détruire !....

Il nous semble qu'il n'est pas trop aisé de répondre victorieusement à cela, et de justifier cet acharnement à exalter des talents si déplorables. Nous nous bornerons, pour notre compte, à leur opposer l'arme du ridicule, qui finira certainement par triompher en France des systèmes impies et erronés qu'on nous donne effrontément pour des *lumières*.

PRÉFACE.

Deux poëmes badins, célèbres par le talent poétique qui les caractérise , ont préludé au ridicule répandu depuis avec tant de profusion sur la Religion Chrétienne et sur ses ministres : je veux parler du *Lutrin* et de *Vert-Vert*. Des plaisanteries sur des chanoines et des religieuses, ont paru d'abord sans conséquence : mais le talent donne de l'importance à tout, et ne manque jamais d'exciter une émulation générale. Bientôt la France s'est couverte de mauvais plaisans , qui ont mis à l'envi tout leur esprit à se moquer des hommes et des choses qu'ils avaient respectés jus-qu'alors ; bientôt il est devenu du bon ton de faire entrer des religieux, des religieuses

des abbés, dans toutes les gentillesses littéraires où l'on avait la prétention d'être
gai et aimable. Voltaire a enfin mis le
comble à cette coupable et indécente dérision, et l'on connaît les résultats de tous ses
plans, de tous ses systèmes exécutés à la
lettre. Je ne sais s'il y a encore quelques
esprits pour qui les innombrables impiétés
de ses pamflets ont du sel et de l'agré-
ment : quant à moi, j'avouerai qu'ils me
paraissent tous aujourd'hui d'une sottise
et d'une monotonie insupportables; et, en
réfléchissant à ce qui s'est passé, on a de
la peine à concevoir comment un si *vaste
génie*, un homme à si *longue vue*, a pu
consacrer sa longue vie à diffamer jusqu'à
satiété tout ce qui faisait le bonheur des
peuples, la sureté des gouvernemens, et
celle des classes élevées de la société où

il se faisait honneur d'être admis ; on se demande, avec étonnement, comment un homme qui avait fureté tous les coins et recoins de l'histoire, a connu assez peu les peuples pour croire qu'il leur suffit d'un pur déisme, qui est proprement la religion de ceux qui n'en ont point, ou du moins la religion de ces hommes corrompus par la vaine science de la terre, lesquels veulent bien descendre jusqu'à adorer Dieu *purement* et *simplement*, parce que cela n'entraîne aucun sacrifice, aucun devoir, et ne les empêche point de se livrer à toute la dépravation de leurs appétits.

Quoi qu'il en soit, j'ai voulu savoir s'il n'y aurait pas moyen de trouver dans la Philosophie moderne le sujet d'un poëme badin, et de jeter quelque ridicule sur un homme qui s'est complu, pendant cin-

quante ans, à en couvrir tout ce qu'il y
avait de plus respectable et de plus sacré
dans nos institutions civiles et religieuses;
j'ai voulu voir si quelques-uns de nos fameux Philosophes ne fourniraient point
aussi matière à quelques badinages poétiques, pour l'amusement des lecteurs français, un peu dégoûtés de ces fameuses
plaisanteries dont les suites ont été si
sérieuses. Mais, en commençant mon travail, j'ai été embarrassé de la richesse, de
l'abondance de mon sujet; et, dans la foule
de mes matériaux, je crains bien de n'avoir
pas choisi les meilleurs. J'ai sur-tout été
effrayé, en considérant que la faiblesse
de mon talent me placerait, sous bien des
rapports, au-dessous d'un homme célèbre
à bien des titres, et tout-puissant encore
dans la république des lettres. Mais mon

courage s'est relevé bientôt, en songeant qu'il y a encore, en Europe, une foule immense de bons esprits qui font grâce aux mots en faveur des choses ; qui tiennent compte à l'écrivain médiocre de ses efforts et de son courage à poursuivre et déshonorer les opinions coupables et dangereuses ; et qui méprisent le talent, quel que soit l'éclat dont il puisse briller, dans la carrière de l'impiété et de la fausse Philosophie.

Je n'ai pas besoin de dire que je me suis attendu à la colère des ardens admirateurs du chef de la Philosophie moderne. Ces ardens admirateurs sont aussi un peu *fanatiques* et *superstitieux*. On a vu de ces *esprits forts* acheter la canne de Voltaire douze ou quinze cents francs ; d'autres, montrer avec attendrissement un morceau de la chemise de J. J. Rousseau, qu'ils avaient mis sous verre; on a vu de ces fiers *redresseurs de préjugés* s'en aller en pélerinage à Ferney ou à Ermenonville, pour s'agenouiller et s'extasier devant quelques guenilles des deux grands Philosophes du siècle.

Du reste, il ne m'est pas difficile de prévoir de quelle manière ils pourront m'attaquer. Mais je puis leur épargner quelques peines, en demeurant, d'avance, d'accord avec eux de toute la supériorité littéraire de mon héros; je conviendrai, de la meilleure grâce possible, qu'il est, s'il le faut, le plus grand écrivain du monde, que je suis le plus misérable de tous : voilà donc un point convenu et toute difficulté aplanie, quant à la forme. Quant au fond, je ne pense pas que personne veuille aujourd'hui prouver que notre grand Philosophe a eu raison de couvrir la Religion de ses pères d'opprobres et de ridicules sans fin ; de vomir contre elle tout ce qu'il y a d'infames ordures dans la langue française ; d'abreuver d'injures, jusqu'à lui inusitées, tous les hommes religieux qui ont osé élever la voix contre tant d'outrages et d'impiétés : mais, s'il se trouvait encore d'assez bons logiciens pour entreprendre une telle preuve , on sent bien que je ne m'en mettrais point en peine. Il me suffit de savoir que l'opinion de la saine partie des hommes est fixée sur l'influence terrible des novateurs. Malheur à l'écrivain qui cherche des admirateurs hors de cette saine partie , et qui ne fonde pas uniquement sa gloire sur les suffrages des hommes de bien !

AVERTISSEMENT.

Ce Poëme, ainsi que la Préface qu'on vient
de lire, ont été composés il y a plus de trois
ans, comme le savent tous mes amis. Je crains
bien que le Poëme ne se ressente du peu
d'émulation que j'ai eu en y travaillant; car
j'avais bien peu d'espérance de pouvoir le
présenter au Public, à cause du règne des
idées libérales, puisqu'idées libérales il y a.
Je le présente aujourd'hui tel qu'il est
sorti de ma plume, à quelques corrections
près. J'ai cru qu'il était utile en ce moment
de diriger l'opinion contre des hommes, mal-
heureusement trop fameux, qui ont fait à
la Religion et aux mœurs des plaies plus
profondes qu'on ne peut croire. J'ai pensé
que tout bon Français doit venir, autant qu'il
est en son pouvoir, au secours de la Monarchie
qui commence déjà à se relever si glorieuse-
ment, et qui ne pourrait demeurer long-temps
assise sur ses nouvelles bases, si elle ne se
préservait plus que jamais du souffle impie
et empoisonné du philosophisme. La Littéra-

ture doit aussi se vouer toute entière aujourd'hui à la guérison des blessures qu'elle a trop souvent faites elle-même. C'est par là qu'elle peut reprendre le haut rang et la dignité qu'elle avait dans le beau siècle, et s'associer, en quelque sorte, à la gloire d'un Prince qui, en donnant l'exemple de toutes les vertus qui font la véritable splendeur des trônes, a déjà fait de si nobles et de si généreux efforts pour retirer son Royaume de l'abyme de malheur et de corruption où il paraissait plongé sans retour,

VOLTAIRE,

OU

LE TRIOMPHE

DE

LA PHILOSOPHIE MODERNE.

CHANT PREMIER.

ARGUMENT.

*Mécontentement des Philosophes ; leurs princi-
paux griefs contre Dieu, relativement à la
manière dont il gouverne les affaires du Ciel
et de la Terre. — Ninon prédit à Voltaire qu'il
sera le héros de la Philosophie, et lui fait
entrevoir la grandeur de ses destinées. —
Portrait de cette femme célèbre. — Sa mort.*

Je veux chanter ces combats renommés
Livrés au Ciel par la Philosophie,
Et la victoire, incroyable, inouie,
Que des mortels, de leurs plumes armés,

Ont remportée, à force de génie,
Sur Dieu lui-même et ses saints alarmés.
L'homme envoyé, de par la destinée,
Pour diriger leurs bras et leurs travaux,
Homme plus grand et moins pieux qu'Enée,
Va m'inspirer et sera mon héros.

Soutiens ma muse, ô mon maître! ô Voltaire!
Tu ne fis pas seulement sur la terre
De beaux exploits; tu fis quelques beaux vers:
Dis-moi comment on charme l'Univers
Avec la rime unie à la mesure;
Pénètre-moi de cette flamme pure,
De cet esprit philosophique, ardent,
Dont se compose un être transcendant.

Je porte envie au burin de l'histoire,
Et de Clio j'admire le bonheur.
Sa prose obtient une facile gloire,
Tandis qu'hélas, Calliope, sa sœur,
Timide encor, n'ose pas se défendre
D'être soumise au régent d'Alexandre.
De ce pédant je respecte les lois,
La poétique et les catégories:
Mais, si j'allais, m'égarant quelquefois,
Suivre de loin ses règles ennemies,
Mes vers sans frein seraient-ils moins heureux?

Autour de nous, assez de grands génies
Ont Aristote et la règle pour eux :
L'Univers sait comme ils sont ennuyeux !

'Tout languissait au ciel et sur la terre :
Cet Univers, ce Monde suranné,
Par l'Eternel trop long-temps gouverné,
Etait déchu de sa grandeur première.
Il est bien vrai que les astres sans fin,
Que le Soleil, source de la lumière,
Que la grande Ourse et l'Etoile polaire,
Au firmament poursuivaient leur chemin :
Mais quelquefois s'avançaient des comètes,
Avant-coureurs d'un vaste embrasement.
Les nations, à bon droit inquiètes,
A leurs docteurs demandaient tristement,
Chaque matin, des nouvelles du Monde ;
Et nul d'entre eux, en cas de frottement,
Ne répondait de la machine ronde.
D'autres pensaient et ne prouvaient pas mal
Que la matière un beau soir refroidie,
En un glaçon tout-à-coup convertie,
Se fermerait au règne végétal ;
Que nos jardins, nos vergers, nos domaines,
Que les forêts, les montagnes, les plaines,
Au genre humain, mourant et désolé,
N'offriraient plus qu'un asile gelé.

A 2

D'autres, du ciel examinant les voûtes,
Y découvraient mille imperfections,
Dans le Soleil apercevaient des croûtes....
Chaque danger, aux yeux des nations,
Compromettait la sagesse suprême.
On accusait hautement Dieu lui-même.
D'ailleurs son culte ennuyait les mortels,
Devenus fiers de leurs grandes lumières.
Il demandait de l'encens, des prières.
Un Évangile et des dogmes cruels
Contrariaient les instincts naturels.
De noirs pédans, espèce fanatique,
Ayant reçu leur mission de Dieu,
De nos erreurs exigeaient un aveu
Humiliant autant que tyrannique.
Ils s'emparaient des hommes au berceau,
Les poursuivaient la morale à la bouche,
Ne les quittaient que cloués au tombeau.
On les voyait, dans leur zèle farouche,
Prêchant par-tout la foi, la charité,
Se gendarmant contre la volupté,
A nos desirs opposant des fantômes,
Recommandant l'obéissance aux lois,
Aux grands du monde, et, complices des rois,
Tyrannisant avec eux les royaumes :
C'en était trop. De nombreux beaux esprits,
Humiliés de l'humaine faiblesse,

Rongeant leur frein, s'ennuyaient à la messe;
S'ils écrivaient, un bourreau mal-appris,
Vil instrument des tyrans de la presse,
De leur génie incendiait les fruits,
Ou des censeurs, morcelant leurs écrits,
En retranchaient toute la gentillesse;
Si quelquefois un rimeur révolté,
Dans les transports de sa muse naïve,
Contre son Prince ou la Divinité
Lançait des vers, sa pièce fugitive
Le conduisait, tristement garrotté,
Dans un château, séjour de sûreté,
Qui de la Seine épouvantait la rive.
L'oppression contre les jolis vers
Portait l'effroi, la douleur dans les ames :
Tout est perdu dans un monde pervers,
Où l'on poursuit les bonnes épigrammes;
Où ne sont point applaudis, respectés,
Les madrigaux, les pamflets du génie.

Tous les forfaits de cette tyrannie
Etaient au Ciel à bon droit imputés.
Cette raison, dite Philosophie,
Germait déjà dans les cœurs révoltés.
Par-tout naissaient, croissaient des Philosophes.
De s'affranchir ils nourrissaient l'espoir ;
Et, des hauteurs de leur humble manoir,

Ils s'essayaient en vives apostrophes
Contre un injuste et barbare pouvoir.
Des cavités de leur tête enflammée
De grands projets sortaient chaque matin,
Comme jadis du cerveau de Jupin
On vit sortir une Sagesse armée.

Mais que pouvaient des mortels isolés,
Par mille freins retenus, accablés,
Manquant de tout, poursuivis par Eole,
Qui se glissait, l'hiver, sous les fragmens
De leurs habits légers et transparens ?
Sans point d'appui, sans guide, sans boussole,
Cachant leur honte au fond des carrefours,
Ou quelquefois réduits à la famine,
Ils ne pouvaient obéir, tous les jours,
A cette loi qui veut que l'homme dîne:
Tels on a vu les enfans d'Israël
Et leurs rabbins, sans chemise et sans robe,
Trouvant à peine un grenier sur le globe
Pour y chanter leur sabbat éternel.

Des raisonneurs les troupes dispersées
N'osaient encor, dans leur obscurité,
Faire la guerre à la Divinité
Que par leurs vœux et leurs grandes pensées;
Un Général, habile et redouté,

A leurs projets devenait nécessaire.
Mais où trouver ce héros tutélaire ,
Ce Philosophe, émule des Césars ,
Qui ralliéra leurs bataillons épars
Sous une seule et puissante bannière ?

Déjà pourtant il voyait la lumière
Dans la cité du savoir et des arts.
Il respirait sous le nom de Voltaire ,
Mais jeune encore et du monde ignoré ,
Dès son enfance en secret préparé
A devenir le flambeau de la terre :
Il grandissait sous les yeux de Ninon ,
Vieille beauté, prêtresse d'Epicure ,
Tendre et sensible avec poids et mesure ;
Tenant bureau d'esprit et de raison ,
Du cœur humain ayant fait l'analyse ,
Donnant le sien, avec grâce et franchise,
A tous venans, pour servir son pays :
Grave tendron, vertueuse Laïs , .
A ses amours jurant d'être fidelle
En bons billets, signés , paraphés d'elle.
Elle avait vu quatre fois vingt printemps ,
Et fatigué le temps et la nature ,
Sans jamais perdre un seul de ses amans ,
Et ne niant jamais sa signature.
A l'agonie elle inspirait l'amour :

Ses yeux, tout prêts à se fermer au jour ;
Et de son cœur aimables interprètes,
Blessaient encore au travers des lunettes.

Cette héroïne, honneur du genre humain,
De mon héros devina le génie.
Elle daigna le guider par la main
Dans les sentiers de la Philosophie,
Et l'affranchir des préjugés honteux
Dont on nourrit l'enfance de la vie.
Elle prévit ses destins glorieux ;
Et, rappelant sa force défaillante,
Lui dit ces mots, d'une voix éloquente :

Mon fils, je lis l'avenir dans tes yeux.
Femme qui touche au bout de sa carrière,
Et qui vieillit, devient un peu sorcière....
Mais il s'agit de toi, mon jeune ami,
De toi, brillant des grâces du jeune âge,
Et pour long-temps sur la terre affermi,
Quand des Enfers j'entrevois le rivage.
Tu vas remplir le monde de ton nom :
Tu brilleras du couchant à l'aurore :
Cent mille vers, avec rime et raison,
De ton cerveau doivent un jour éclore ;
Ta prose immense, et plus heureuse encore,
Ecrasera l'Europe de son poids,

Et sur leur trône ébranlera les rois.
Ce n'est pas tout : les rois sont peu de chose.
Celui qui tient les mondes sous ses lois,
Sera lui-même étourdi de ta prose.
Vaincu par elle et les livres nombreux
Que doit produire une si belle cause,
Il tremblera dans l'asile des cieux.
Tu deviendras le chef de ces cohortes
Qui du Seigneur enfonceront les portes (1).
Déjà par-tout se lèvent en secret
Les champions de la Philosophie.
A ton aspect, tout sera bientôt prêt
Pour attaquer la puissance ennemie......
A ce complot, trop souvent étouffé,

____

(1) Voici ce qu'écrivait Voltaire en 1736,
à Mme de Champbouin :

> Autrefois, pour payer le zèle
> De Baucis et de Philémon ,
> On disait que de leur maison
> Jupiter fit une chapelle.
> Si j'avais son pouvoir divin ,
> Je n'imiterais pas ses augustes sottises :
> Je démolirais vingt églises ,
> Pour vous bâtir un Champbouin.

Cela promettait, et, grâce à lui, nous n'avons
pas manqué de démolisseurs en tous genres.

Je ne suis pas tout-à-fait étrangère :
Dans mon boudoir, à l'ombre du mystère,
J'ai, mon ami, long-temps philosophé ;
J'ai fait germer la féconde semence
De la révolte et de l'indépendance
Dans tous les cœurs à mes charmes soumis ;
J'ai préparé mes amans, mes amis,
A se roidir contre la tyrannie,
A n'écouter que leur propre génie.
Je leur ai dit que l'homme est ici-bas
Un animal libre par son essence ;
Que son bonheur est dans la jouissance ;
Qu'il n'est qu'un sot, quand il ne jouit pas.
Par mon exemple et celui d'Epicure,
Dont j'ai cité complaisamment la loi,
J'ai toujours fait enfin autour de moi,
Tant que j'ai pu, triompher la nature...

Ainsi parla l'éloquente Ninon,
Tenant les mains de son aimable élève :
A ses genoux il tombe.... Il se relève,
Il la regarde avec émotion :
Ah ! lui dit-il, vous êtes Fée encore,
Et vous avez conservé l'heureux don
De tout charmer comme dans votre aurore !
L'enchantement est toujours dans vos yeux,
Dans votre voix, par les ans étouffée,

Et vos accens sont plus harmonieux
Que les accords de la lyre d'Orphée.
Vos vœux pour moi seront tous satisfaits.
Je vous devrai mon bonheur et ma gloire.
Puissiez-vous vivre autant que vos bienfaits,
Dont tant de cœurs garderont la mémoire !
Vous avez droit aux prémices du mien....
— Il est trop tard, dit Ninon attendrie ;
Il faut mourir, hélas, je le sens bien.
L'amour sied mal au terme de la vie.
Reçois du moins un gage précieux
De l'amitié : tu dois, par la lecture,
Fortifier, nourrir les dons heureux
Que tu reçus des mains de la nature ;
Lis, mon ami, je t'en fais une loi,
Et par un legs mes livres sont à toi.
Ils sont choisis par des mains exercées
A distinguer l'utile et le vrai beau
Sous le carton, la basane et le veau,
Durable abri des plus hautes pensées.
Dans mes boudoirs, bientôt abandonnés,
Tu trouveras de nos siècles prospères
Tout le génie et toutes les lumières,
Dorés sur tranche et de planches ornés.
D'Anacréon, d'Epicure, d'Horace,
De Rabelais, Bocace, l'Arétin,
Deviens l'élève ; hérite de leur grâce,

De leur esprit aimable et libertin....
Au dessus d'eux tu prendras une place....

A ce discours, encor *voluptueux*,
La fille forte est soudain affaiblie,
Et fait entendre un soupir douloureux....
Ce fut, hélas, le dernier de sa vie !

Ainsi cette ame ouverte à tant d'amour ,
Tout à la fois inconstante et fidelle ,
Prit son essor vers la vie éternelle ,
Mais loin, dit-on, d'un céleste séjour
Fait pour les sots, et trop indigne d'elle.

Fin du premier Chant.

CHANT II.

ARGUMENT.

Voltaire est inhumainement emprisonné pour quelques jolis vers philosophiques. — Satan lui apparaît en songe, et demande à servir, en simple volontaire, dans l'armée des Philosophes prêts à marcher contre le Ciel. — Voltaire est rendu à la liberté. — Les Philosophes s'assemblent dans un grenier. — Portraits de d'Alembert, Diderot, Rousseau, etc.

DE ses destins mon héros orgueilleux,
Impatient d'exercer son génie,
Trace déjà, d'une plume hardie,
Contre le Ciel des vers audacieux,
Brûlans de verve et de philosophie.
L'expression, le tour, en sont heureux;
Par-tout la grâce est jointe à l'harmonie;
Ils sont marqués au coin de l'ironie,
Et pleins du sel le plus ingénieux.
Il triomphait, quand la justice humaine,
Pour arrêter les élans de sa veine,
Porte sur lui ses criminelles mains.

On le dérobe aux regards des humains;
Des opprimés il va grossir le nombre
Dans un cachot de verroux hérissé,
Où le Soleil ne s'est jamais glissé,
De l'infortune abri terrible et sombre :
Mais il entend avec tranquillité
Crier sur lui le fer des doubles portes.
La solitude et la captivité
Sont une épreuve utile aux ames fortes :
La tyrannie et ses précautions
Semblent leur faire une nouvelle vie ;
Et le génie, échappé des prisons,
A mille fois redoublé d'énergie.
De murs épais et d'horreurs entouré,
Le rimeur même, ami de la nature,
Par Apollon n'est pas moins inspiré,
Et moins habile à peindre sa verdure,
A s'emparer de la terre et des cieux :
Il ne voit rien, et n'en décrit que mieux.
Ainsi Voltaire, au sein de l'esclavage,
D'un feu plus vif se sentit embrasé :
Sa jeune muse avait beaucoup osé ;
Persécutée, elle osa davantage.

Mais cependant il se livre au repos :
Couché, la nuit, sur un lit de misère,
Un doux sommeil entre dans sa paupière ;

Baume divin, charme de tous les maux !
Rêver alors est le bonheur suprême.
Il rêve donc. Satan, Satan lui-même,
Sorti d'un gouffre, apparaît au héros.
Mon cher, dit-il, je suis l'ange rebelle,
Célèbre au rang des anges malheureux.
Je fus jadis, par une main cruelle,
Précipité, de la voûte des cieux,
Dans un séjour des plus épouvantables,
Avec Moloch, Belzébuth et Dagon,
Avec Chamos, Bélial et Rimmon,
Et d'autres chefs non moins recommandables,
Mes compagnons et mes tristes soutiens.
On t'a conté leurs malheurs et les miens,
Nos vains combats, nos défaites tragiques,
En vers anglais, hélas, trop véridiques.
Nous dévorons nos profondes douleurs ;
Nous n'avons rien perdu de nos fureurs,
Dans notre longue et honteuse impuissance :
Mais, à cette heure, un rayon d'espérance
Luit à nos yeux et ranime nos cœurs.
Je suis instruit, par la rumeur publique,
Qu'on doit former un camp philosophique ;
D'où l'Eternel doit se voir assailli.
Déjà l'enfer de joie a tressailli.
Tu dois guider leurs savantes milices.
Je viens t'offrir mon bras et mes services :

Sous tes drapeaux, soldat obéissant ,
Je veux servir en simple volontaire.
Accoutumé dès long-temps au tonnerre,
Je couvrirai de mon corps imposant
Ton faible corps et ton souffle de vie,
Fier , près de toi, de n'être que sergent
Ou caporal de la Philosophie.....

Seigneur Satan , je dois être flatté
De tes secours , que j'accepte avec joie ,
Dit le héros , s'il faut que je guerroie
Contre le Ciel et son Dieu redouté.
Tu sais combien ta célèbre disgrace
A de tout temps intéressé mon cœur.
Tant de combats, tant d'efforts, tant d'audace,
Ont à jamais illustré ton malheur.
Les esprits forts te doivent leur estime.
Toujours battu , culbuté, mais sublime,
Inaccessible à la crainte, à la peur,
Tu n'as jamais, héros pusillanime ,
Demandé grâce et pardon au vainqueur.
Ta résistance incroyable, inouie ,
D'un meilleur sort devait être suivie.
Mais cependant tout promet aujourd'hui
Plus de succès à nos armes nouvelles :
Plus éclairés , plus savamment rebelles ,
Sur la raison nous fondons notre appui ;

La VÉRITÉ, la RAISON, la NATURE.,
Voilà des mots terribles et puissans,
Capables seuls d'effrayer les tyrans....
Ils feront plus que ton immense armure,
Ton bouclier, tes dards étincelans,
Tes bataillons et tes milices noires
Qui dans les airs lançaient des promontoires (1).
Un Philosophe, armé de ses écrits,
Est aujourd'hui plus fort que les archanges ;
Et l'on doit voir les célestes phalanges
Se replier devant les beaux esprits.
Cet appareil de forces magnifiques,
Cette grandeur qui vous a comprimés,
Nous les voyons avec des yeux stoïques,
Au vain éclat du Ciel accoutumés.
Nous opposons au fracas du tonnerre
Une épigramme, il n'a plus qu'à se taire.
Nos cabinets sont de vrais arsenaux,
D'où nous tirons des armes meurtrières,
D'un meilleur fil que celles de Lemnos.
Tout est changé : nos moyens militaires
Sont dans les traits sortis de nos cerveaux.
Tu combattais au siècle du Chaos,
Bien différent de celui des lumières ;

-----

(1) Milton.

Siècle brillant, qui nous a révélé
Tout le secret de notre intelligence,
Et nous apprend que l'homme est appelé
A conquérir la céleste puissance!....

    Ainsi Voltaire, en rêvant, discourait.
Il se réveille, et Satan disparaît.
A ses pensers ce héros s'abandonne;
Ses vastes plans embrassent l'Univers.
Mais cependant il languit dans les fers,
Et d'un gros mur l'épaisseur l'environne.
Dans ses projets, dans sa course arrêté,
Contre le Ciel que peut-il entreprendre?
Triste héros privé de liberté,
Il ne sait point quand on doit la lui rendre.
Grâce au Ciel même, il la recouvre enfin,
Le malheur cède à son heureux destin.
Sa délivrance heureuse, inattendue,
De ses amis, avides de le voir,
A relevé le courage et l'espoir,
Et contre Dieu leur haine s'est accrue.
L'heure a sonné : le moment est venu
De résister à cet être inconnu;
De défier sa foudre menaçante,
Epouvantail d'un vulgaire hébété;
De l'attaquer avec l'arme tranchante
Du ridicule et de la *vérité*.

Tous les soutiens de la Philosophie
Sont avertis ; leur temple est préparé.
A s'assembler mon héros les convie
Dans un grenier de la foule ignoré ;
Vaste séjour où la tuile infidelle
Laisse arriver et la pluie et la grêle.
Long-temps on grimpe avant d'être en ce lieu ;
Cent escaliers le rapprochent de Dieu.
Là, sous un toit délabré par Borée,
D'intelligence avec la faux du Temps,
On entrevoit des astres rayonnans,
Et des fragmens de la voûte éthérée ;
Là, pour traiter les plus grands intérêts,
On a, du luxe écartant les délices,
Distribué de simples tabourets,
Où ces messieurs, pour tenir leurs comices,
Doivent s'asseoir sans faste et sans apprêts :
Tels s'asseyaient autrefois sur la dure
Ces fiers Romains à la guerre endurcis,
Qui décidaient, sous leur toge de bure,
Du sort des rois sur le duvet assis.
Dans les greniers le savoir prit naissance.
Du vrai savant c'est l'asile sacré :
Il voit sous lui végéter l'ignorance ;
Il y respire un air plus épuré ;
C'est dans ce lieu que plane la pensée ;
Loin de la terre et du rez-de-chaussée.

Sous ce haut toit, à Montmartre élevé;
Tous les docteurs d'une honnête importance;
Que recélait Paris sur son pavé,
Par vingt chemins arrivent en silence.
Le vrai savoir éclate dans leurs yeux,
Dans leurs regards qu'anime l'espérance.
Avec audace ils contemplent les cieux.
Par la lucarne entr'ouverte sur eux.
A cet aspect, leurs mines courroucées
Laissent percer leur noble impiété.
Fiers ennemis de la Divinité,
Ils en auraient l'éclat, la dignité,
Si leurs pourpoints, si leurs chausses percées
N'accusaient point un peu l'humanité.

Muse, peins-moi ces héros formidables;
Dis-moi les noms des plus considérables.
Vient, le premier, Jean le Rond d'Alembert,
Déjà de gloire et de lauriers couvert,
Par son savoir profond, géométrique,
Par ses essais touchant la dynamique;
Et pour avoir signalé ses talens
Sur l'origine et la cause des vents,
Sans que des vents les causes soient bien claires;
Tant la science a d'étranges mystères!
Heureux bâtard, sur un parvis trouvé,
Et par l'église en naissant élevé,

Contre elle-même il a déjà prouvé
Plus d'une fois sa haine vigoureuse.
Il était né de la flamme amoureuse
D'une beauté qui fut religieuse ,
Et qui bientôt, s'enfuyant vers Paris
Pour y trouver des plaisirs plus honnêtes ,
Abandonna sa vie aux beaux esprits ,
Qu'elle nommait naïvement *ses bêtes* (1) ;
Mot générique et de convention ,
Déjà reçu dans la Philosophie ,
Où les mortels sont , par métonymie ,
Des animaux aux yeux de la raison.
Furtivement arrivé sur la terre ,
Et dégagé de l'amour filial ,
Il ignorait le nom de *l'animal*
Qui mérita le titre de son père.
Dieu n'avait point d'ennemi plus rusé :
Sous un maintien modeste et composé ,
Il dérobait sa haine ardente et fière.
Auprès de lui contrastait , plein de feu ,
Plus franchement un ennemi de Dieu ,
Fier à bon droit de sa basse origine ,
Jugeant les chiens et les chats nos égaux ;
Universel , propre à tous les travaux ,

---

(1) Mme de Tencin.

Il avait fait des drames, des couteaux,
De la chicane et de la médecine.
Ce Philosophe avait nom Diderot.
On le citait pour sa métaphysique,
Et pour sa prose en style énigmatique,
Dont au public il dérobait le mot.
De Lycophron il avait la manière :
Il dédaignait cette vaine clarté
Qui rend souvent le savoir populaire ;
Un style clair lui semblait hébété.
Souvent en butte aux puissances humaines,
Il avait vu les cachots de Vincennes ;
Et son esprit, après quelque repos,
Semblait sortir plus brillant des cachots.
Planant toujours loin des routes battues,
Tantôt sous terre, et tantôt dans les nues,
Il ennuyait les timides lecteurs,
Du sens commun pesans admirateurs :
Mais, dédaigneux de leurs tristes suffrages,
Il n'aspirait qu'à divertir les sages.
Des sots, un jour, le tenant pour un fou,
Avaient songé, par une erreur grossière,
A le plonger, décoré d'un licou,
Dans le courant d'une onde salutaire (1).

____

(1) Diderot a eu quelques accés de folie.

Rousseau paraît, taciturne, rêveur,
Se défiant de lui-même et du monde.
Un chapeau vaste, une perruque ronde,
De son cerveau cachaient la profondeur.
Son nom, déjà répandu sur la terre,
Le disputait au beau nom de Voltaire.
On l'avait vu, toujours prompt à changer,
Régent, laquais, publiciste, horloger,
Musicien, législateur, copiste,
Ambassadeur, romancier, botaniste.
De la nature amant passionné,
Il desirait que tout homme bien né,
Foulant aux pieds l'étiquette et la gloire,
Sût, au besoin, fabriquer une armoire.
L'homme né *libre* et *par-tout enchaîné*,
Etait l'objet de sa sollicitude :
Il gémissait de le voir condamné
A supporter sa longue servitude.
Pour l'affranchir, il avait médité
Certain contrat, chef-d'œuvre politique;
Où, tout pesé, calculé, discuté,
Il réduisait la science publique
A ces deux points : *Révolte, Liberté.*
Des rois du monde il vouait les statues
Au ridicule, au mépris des humains,
Et voulait voir les peuples, souverains,
Faire des lois, attroupés dans les rues.

Son éloquence et son style entraînans
Etaient l'honneur de la Philosophie,
Soit que sa plume effrayât les tyrans ,
Soit qu'il chantât sa Claire ou sa Julie.
On remarquait avec lui, dans les rangs ,
Helvétius , Condorcet , La Mettrie ,
Fréret , Turgot, Boulanger, d'Argental,
Grimm , Thiriot, Marmontel et Raynal ,
Villette enfin.... Je tairai tous les autres ,
De la raison non moins braves apôtres ;
Tous animés d'un zèle furieux
Contre les rois, les prêtres et les cieux ;
Tous nourrissant un orgueil légitime ,
Satisfaits d'eux et de leur propre estime.
Leur contenance et leur air menaçant
Offrent à l'œil un spectacle imposant,
Jusqu'à ce jour étranger à la terre.
Tous les regards se portent sur Voltaire :
Il va parler.... Mais ma muse, un moment ,
Neuve à courir une longue carrière ,
Cherche le calme et le recueillement.

Fin du second Chant.

CHANT III.

ARGUMENT.

Discours de Voltaire à l'assemblée. — Il est nommé, par acclamation, Général des Philosophes. — Rousseau veut s'opposer à cette nomination ; il demande à être Général lui-même. — Voltaire le couvre et l'accable de ridicule.

Un noble geste ordonne le silence ,
Et mon héros ouvre ainsi la séance :

Messieurs, dit-il , qu'il est heureux de voir ;
En rangs pressés, assis dans ce manoir,
Ce que Paris et le sol de la France
Ont de plus grand en sagesse, en savoir ;
De voir la fleur de la Philosophie,
Grâce à mes soins, aujourd'hui réunie,
Et trompant l'œil vigilant du pouvoir !
Ce jour heureux, à jamais mémorable,
Dans cet asile ouvert aux quatre vents,
Eclaire enfin l'élite des savans ,
Troupe long-temps errante et misérable,

Le Philosophe est enfin arrivé
A cette époque, annoncée et prédite;
Où, s'élevant par son propre mérite,
Il doit atteindre à ce rang élevé
Qu'en sa faveur l'Univers sollicite.
Un Philosophe est un être achevé,
Jusqu'à l'excès intelligent, sublime :
Il ne doit plus, sans bassesse et sans crime,
Souffrir les fers dont il est entravé.
L'homme qui lit au-delà des étoiles,
Dont le génie en compose au besoin,
Dont la lunette observe de si loin
Le firmament au travers de ses voiles;
Qui du Soleil mesure les rayons;
Qui, descendant aux gouffres de la terre,
De son argile a suivi les filons;
Qui décompose à son gré la matière;
Dont la logique et le raisonnement
Sont un flambeau qui le guide et l'éclaire
Pour pénétrer dans la nuit du néant;
Qui voit par-tout; dont la raison altière
Ne se soumet qu'au principe évident
Que lui fournit ou l'algèbre ou l'équerre;
Qui, toujours net, exact et transcendant,
Par une règle aussi sûre que claire,
Sait que cinquante et cinquante font cent :
Cet homme, enfin, ce colosse important,

Doit-il ramper sous une loi vulgaire,
Rester muet, passif, obéissant,
S'humilier devant l'Être-Suprême,
Servir un Dieu, quand il est Dieu lui-même?
Que dis-je?... il est quelque chose de mieux.
Sous vos haillons, sous vos chapeaux crasseux,
On reconnaît des êtres merveilleux,
Faits pour régner sur tout ce qui respire;
Pour exercer le souverain empire
De siècle en siècle usurpé par les Cieux.
Vous n'êtes point armés, dans vos retraites,
Comme le Dieu protecteur des tyrans,
De ces carreaux, de ces foudres bruyans,
Terreur du faible, effroi des femmelettes :
Il vous suffit d'écrire et de penser,
D'avoir le don d'éclairer vos semblables;
Et vous avez des plumes formidables
Qui, sous leurs traits, peuvent tout terrasser.
Réunissons leurs pointes dispersées
En un faisceau : rallions nos pensées
Pour composer cinquante *in-folios*
Dont l'épaisseur, dont le volume immense
Puisse effrayer la suprême Puissance,
Et l'accabler du poids de nos travaux.
Elevons donc une Encyclopédie
Qui sapera, jusqu'en leurs fondemens,
Les préjugés des plus fermes croyans.

Là, déployant toute l'artillerie
De la science à la raison unie ,
Sur les erreurs dont on est infecté
Nous répandrons un jour philosophique ,
Qui détruira cette foi catholique ,
D'un Dieu trompeur instrument redouté.
Ces bataillons de noirs missionnaires ,
De tonsurés , de pieux solitaires ,
Tous dévoués au culte des Chrétiens ,
A notre voix , honteux de leurs liens ,
Rendront leurs bras aux sillons de nos terres.
Dieu , resté seul, sans honneurs, sans soutiens,
Ne sera plus la *source de tous liens ;*
Des nations les vœux et les hommages ,
Environnant les savans et les sages ,
Jusques à lui cesseront de monter ;
Il perdra tout, ses temples , ses images :
Heureux encor qu'il puisse lui rester
Un faible empire au dessus des nuages !
Si, contre nous excitant des orages ,
A la raison il voulait résister ,
Il nous verra, nouveaux anges rebelles ,
Nouveaux géants , sur la terre attroupés ,
Lui préparer mille atteintes mortelles;
Lancer sur lui , de ces lieux escarpés ,
L'énorme poids des immenses volumes
Prêts d'échapper à l'ardeur de nos plumes.

Mais , pour conduire au terme de nos vœux
Une entreprise aussi grande que belle ,
Votre génie , aidé de votre zèle ,
Ne suffit point dans ces temps orageux.
Il faut choisir un chef dont la science,
Dont la tactique égale la prudence ;
Qui, dirigeant vos immenses travaux ,
Vous fasse écrire et combattre à propos,
Et , calculant votre ardeur littéraire ,
Tantôt l'excite , et tantôt la modère;
Qui, redoutable aux prêtres comme aux rois,
Ait, jeune encor , signalé sa carrière
Par la révolte et la haine des lois ;
Qui puisse enfin , soutenant son armée
De sa fortune et de sa renommée ,
La rendre habile aux plus nobles exploits.

A ce discours, d'une logique sûre ,
Dans l'assemblée on entend un murmure,
Non point semblable au bruit improbateur
Qui, s'élevant d'un parterre en rumeur,
Présage affreux de la chute d'un drame ,
Et déchirant l'oreille d'un auteur ,
Porte la mort jusqu'au fond de son ame ;
Mais ce murmure aimable , chatouilleux,
D'un beau succès prélude harmonieux.
Toutes les mains , trop long-temps captivées ,

Sont dans les airs à la fois élevées,
Et font entendre un bruit impétueux.
Le fier projet d'une Encyclopédie
Frappe, saisit. Voltaire est proposé,
Elu pour chef de la Philosophie,
Par un seul cri de cent cris composé.
Messieurs, dit-il, plein de la confiance
D'un grand talent toujours content de soi,
Vous commander est un si bel emploi,
Que je l'accepte avec reconnaissance.
Certe, à ma plume il sera glorieux
De guerroyer, d'écrire à votre tête.
Vous me verrez, prosateur et poète,
Chercher par-tout les postes périlleux.
Pour le succès d'une vaste entreprise,
Sur mon crédit j'ose compter un peu.
Devers le Nord, un roi me favorise.
Chez ce héros, ennemi de l'Eglise,
J'irai chercher des secours contre Dieu.
Ce Philosophe, élevé sur le trône,
A nos secrets bientôt affilié,
Sera pour nous un puissant allié ;
Il sait écrire, et, malgré sa couronne,
De Richelet il pratique les lois,
Et fait des vers mieux que n'en font les rois.
Je vais bientôt à cet illustre impie
Porter les vœux de la Philosophie.

Pendant ce temps, vous brave Jean le Rond,
Soyez ici mon prévôt, mon second :
Vous méritez cette éminente place.
Vous poserez les fondemens heureux
Du grand ouvrage où tendent tous nos vœux.
Je vous commets le soin de la préface :
Qu'elle soit longue, et présente une masse
Et de lumière et de mots imposans.
Que Diderot, dont j'estime l'audace,
Soit le premier de nos aides-de-camps ;
Qu'il distribue à son gré les matières,
Selon l'esprit, les talens de nos frères ;
Que, recueillant le fruit de nos travaux,
Il fasse un tout de cent mille lambeaux....
Allez, Messieurs : que vos plumes actives
De griffonner ne se rebutent pas ;
Qu'à mon retour, je puisse, sur ces rives,
Vous trouver prêts aux plus rudes combats.

Il ne dit plus, et la foule charmée
Éclate encor en *vivat*, en *bravos*.
Mais cependant un seul de ces héros
Reste immobile et la bouche fermée.
Son œil farouche et sa joue enflammée
Font redouter un perfide repos.
Lors, d'une voix sépulcrale et voilée,
Il ose ainsi gourmander l'assemblée :

Et moi, Messieurs, rebelle à votre choix,
Au chef nommé je refuse ma voix.
Sous le pouvoir d'un rimeur, d'un poète,
N'espérez pas que je courbe la tête ;
Qu'un prosateur tel que moi soit réduit
A vous servir sans honneur et sans fruit ;
Et que Rousseau Jean-Jacques soit d'étoffe
A guerroyer en simple Philosophe.
Certes, à vous venant me réunir,
Je m'attendais à plus de déférence,
Et j'avais dû concevoir l'espérance
De commander, et non pas d'obéir.
Sur moi, Messieurs, où sont les avantages
De l'homme ici comblé de vos suffrages ?
A-t-il des droits et des titres complets
A tant de gloire et de suprématie ?
Un vain clinquant, des vers et des pamflets,
Suffisent-ils à la Philosophie ?...
Je ne veux pas, justement indigné
D'une criante et publique injustice,
Vous étaler l'imposant édifice
De mes travaux, aujourd'hui dédaigné :
Mon Opéra, mon Contrat, mon Emile,
N'ont pas besoin de votre appui stérile ;
De vos mépris ils me vengent assez.
C'est trop de voir mes œuvres méconnues,
Et mes bienfaits ainsi récompensés,

Quand j'attendais des honneurs, des statues.
Assez long-temps, Philosophe obstiné,
Sans feu ni lieu, du monde abandonné,
Trouvant par-tout la misère, l'injure,
J'ai proclamé la *Raison*, la *Nature* ;
Assez long-temps, dans un poste avancé,
Contre le Ciel fièrement prononcé,
J'ai mis ma gloire à saper sa puissance :
De son parti je me range aujourd'hui,
Et je prétends embrasser sa défense,
Du même ton, de la même éloquence
Dont j'ai tonné naguère contre lui.
Vous pourrez voir, privés de mon appui,
De quel côté penchera la balance,
Et de quel poids doit être, en temps et lieu,
Ma foudre unie à la foudre de Dieu.

Ces mots hardis, que trop d'orgueil inspire,
Dans l'assemblée excitent un long rire,
Dont l'orateur s'indigne vainement ;
Et mon héros, que tant d'audace étonne,
Autour de lui demande plus gaîment
Si c'est Jean-Jacque ou Jéhovah qui tonne ;
Puis il répond sur ce ton véhément :
Cuistre, dit-il, Philosophe des rues,
Chétif gredin, échappé d'un bourbier
Pour barbouiller et salir du papier ;

Vil prosateur, il te faut des statues !
Il faut mouler ta figure en métal ,
Et d'un pied-plat charger un piédestal ! ...
Eh ! mon ami, va manger tes laitues ;
Dans ton taudis , croque-note affamé ,
Pour un écu mets au net des sonates ;
Au fond d'un bois , homme en ours transformé ,
Broute , poursuis la gloire à quatre pattes ;
Amant crasseux , qu'il faut diviniser ,
Vieux polisson, Silvandre à barbe grise ,
Va féconder , par un *âcre* baiser ,
Ta Margoton changée en Héloïse ;
Va visiter tes fils numérotés
À l'hôpital , par le fisc allaités ,
Et parle-nous de ces barbares mères
Qu'on voit livrer à des seins mercenaires
Leurs jeunes fruits déjà déshérités.
Eh ! malheureux, tu prétends au génie !
Tu veux régner sur la Philosophie ! ...
Poltron , fuyard , lâche , on te choisira
Pour guerroyer contre une femmelette ,
Pour commander une armée en retraite ,
Pour attaquer les cieux de l'Opéra (1).
Quoi , tu prétends , désertant la bannière

(1) On connaît la lettre de St-Preux à Héloïse
sur l'Opéra.

De la Raison, que tu servais naguère,
Honorer Dieu de ta protection !
Certes, je plains l'Être *infiniment bon*,
S'il est réduit à cet auxiliaire :
Contre les coups que nous lui destinons,
S'il se confie à ta seule assistance,
Ton allié, vaincu, déchu d'avance,
Peut renoncer aux *dominations*....
Sors de nos rangs, sors, misérable rustre.
A ton avis, je n'ai pas mérité
L'insigne honneur, la noble dignité
Que me confère une assemblée illustre :
Elle devait, au rang de Général,
Pour diriger un projet plein d'audace,
Pour la conduire, élever, à ma place,
Un romancier, un gueux sentimental,
A peine encor dépouillé de la crasse
Qu'il apporta de son pays natal....
C'en est assez : bientôt la voix publique
Pourra te dire, en déchirant ton cœur,
Qui de nous deux a mérité l'honneur
De commander un camp philosophique.
Fuis donc, faquin, cours au fond des déserts
Ensevelir ton talent prosaïque,
Ton large front jaune, mélancolique,
Ta longue oreille insensible aux beaux vers.

Cette éloquente et terrible apostrophe
Abasourdit l'orgueilleux Philosophe.
Il veut répondre, et sa langue, trois fois,
Reste muette, immobile, glacée :
Sa furieuse et brûlante pensée,
Pour s'exhaler, ne trouve plus de voix.
L'infortuné s'enfuit avec sa rage
Dans son manoir, humble et triste ménage ;
Où, le cœur plein d'un inquiet amour,
Son Héloïse attendait son retour.
Cette beauté touchante est destinée
A consoler la vie infortunée
D'un doux ami, toujours ingénieux
A se donner les airs d'un malheureux.
Rien ne résiste à sa voix langoureuse.
Amante et mère, et sensible à l'excès,
La douce amie allie, avec succès,
A son amour sa vertu scrupuleuse ;
Et la sagesse a de nouveaux attraits,
Quand elle sort de sa bouche amoureuse.
Souffriras-tu, dit cette amante en pleurs,
Que ton rival, ici comblé d'honneurs,
Devenu chef d'une grande entreprise,
D'une pucelle amant perdu de mœurs,
Brille au-dessus de l'amant d'Héloïse ?
Ah ! mon orgueil n'y saurait consentir.
J'ose compter encor sur la puissance

De ton génie : il saura soutenir
Et ton honneur et le mien qu'on offense.
Un jour, sans doute.... Attendant ce beau jour,
A nos malheurs opposons notre amour.

`Ah ! dit Rousseau , notre amour est sublime ;
Il est fondé , tu le sais , sur l'estime. . .

Tous deux, enfin , un instant consolés
Dans les transports de l'ardeur la plus belle,
Sont , à minuit, par Morphée appelés
A s'endormir jusqu'à l'aube nouvelle.

Fin du troisième Chant.

C H A N T I V.

ARGUMENT.

Voltaire part pour Berlin, et va demander au roi de Prusse des secours contre Dieu. — Portrait de ce prince. — Le voyageur est surpris par un orage. — Des bénédictins lui donnent l'hospitalité ; mais il ne peut s'empêcher de leur dire quelques injures, en leur qualité de religieux. — Le roi de Prusse trompe l'espoir du Philosophe, qui reçoit quelques coups de bâton.

Mais cependant l'assemblée est dissoute.
De son manoir chacun reprend la route,
A son devoir engagé par serment.
A ce grand corps, dont mon héros est l'ame,
L'ordre est donné pour *écraser l'infame.*
L'infame cache un mystère important,
Connu de tous : cette énergique phrase
Explique assez ce qu'il faut qu'on écrase.
Des lieutenans d'Alembert, Diderot,
Chaque soldat de la Philosophie
Va recevoir et sa tâche et le mot
Pour le début de l'Encyclopédie.

Tous les esprits, au travail appliqués,
Sont à l'envi du grand livre occupés ;
Et mon héros, à son projet fidelle,
Se reposant sur leur plume et leur zèle,
De son côté, se prépare d'abord
A visiter le Salomon du Nord,
Ce Frédéric, favori de Bellone,
Qu'à Sans-Souci tant de gloire environne;
Roi philosophe, Allemand francisé,
Et de l'amour des beaux-arts embrasé;
Sublime auteur de pièces fugitives
Qui de la Sprée ont enchanté les rives ;
Célèbre au Pinde ainsi qu'aux champs de Mars,
Heureux vainqueur de l'aigle des Césars ;
Bon roi, sur-tout, quand sa plume réfute
Machiavel, guide des méchans rois (1) ;
Homme léger et profond à la fois,
Grand politique... et jouant de la flûte.

Voltaire part, et son coche léger
Roule déjà, peu chargé d'un poète.
Mais quel héros put jamais voyager
Exempt d'orage et libre de tempête ?
Ulysse, Enée, et le fils de Thétis,
Dans leur carrière arrêtés et surpris,

___

(1) On connaît l'*Anti-Machiavel* du roi de Prusse.

Ont vu souvent traverser leur fortune
Par les fureurs d'Eole ou de Neptune ;
Pour eux sont faits les maux inattendus,
Les grands dangers, inconnus au vulgaire.
Déjà les cieux, les astres sont tendus
D'un voile noir, précurseur du tonnerre ;
De longs torrens dans les airs suspendus
Semblent tout prêts à submerger la terre ;
D'horribles vents, déchaînés à la fois,
Dont la fureur et se heurte et se croise,
De la chaumière et des plus riches toits
Font voltiger et la paille et l'ardoise ;
La foudre gronde, et s'échappe en carreaux
Sur l'équipage où siégeait le héros.
O de la foudre effet inexplicable !
Ses vêtemens disparus, consumés,
Sont devenus une poudre impalpable ;
Son char rompu, ses coursiers abymés,
Gisent au loin en débris sur le sable ;
Et l'Eternel peut voir, du haut des cieux,
Son redoutable et terrible adversaire,
Nu, renversé, tremblant et souffreteux,
D'un corps transi remplissant une ornière.

De Saint-Benoît un vaste monastère
Montrait de près son clocher et ses tours :
Asile heureux, demeure hospitalière

Où le malheur, la douleur, la misère,
Jamais en vain n'ont cherché des secours;
Séjour pompeux, pieuse solitude,
Où, se livrant au travail, à l'étude,
Chéris du Ciel, trente Religieux
Vivaient en paix, fidelles à leurs vœux.
Là, mon héros, que la terreur accable,
Trouve un abri commode et secourable :
Là, recueilli, mille généreux soins
Vont au-devant de ses premiers besoins.
Un appareil est mis à ses blessures.
Il voit bientôt, par tant d'empressemens,
Par tant de mains, réparer les injures,
Et de la foudre, et des eaux, et des vents.
Cette imprévue et noble bienfaisance
Avait des droits à sa reconnaissance :
Mais son esprit la défend à son cœur;
Et faiblement sa bouche remercie
Des ennemis de la Philosophie,
Ouvertement protégés du Seigneur.
Je suis touché, leur dit-il, mes bons pères,
De vos bontés, de vos soins obligeans :
Mais je gémis, avec tous mes confrères,
De voir par-tout de pieux fainéans,
De quelques saints imbécilles enfans,
Déshonorer le siècle des lumières.
Ce froc indigne et ce noir capuchon,

De Saint-Benoît ridicule parure ,
Sont un outrage aux yeux de la Raison;
Et votre règle insulte à la Nature.
Tant de cafards, tondus ou tonsurés ,
Un peu crasseux , s'il faut que je le dise ;
Sont des soldats que nous vole l'église ;
Des laboureurs , dans le cloître enterrés ,
Que la patrie à grands cris redemande ,
Et qu'elle voit à regret, dans son sein ,
Lui refuser la légitime offrande
Des travaux faits pour leur robuste main.
Tout doit changer, et le jour est prochain
Où la Raison, vous plaçant sous ses ailes ,
Affranchira d'un repos inhumain
Vos bras nerveux à la terre infidelles ;
Où vous serez rendus , de toutes parts ,
A la charrue , au commerce, aux beaux-arts ;
Où , dégagés d'un lien ridicule ,
Dans les couvents de Marie ou d'Ursule ,
Vous trouverez d'innocentes beautés
Qui , comme vous, de leurs vœux détestés
Abjureront les pratiques austères.
Vous en ferez des épouses , des mères ,
Pour repeupler nos hameaux , nos cités....
Eh quoi! mon fils , répond à ce langage
Un vieux prieur , plus sensible à l'outrage ,
Les beaux-esprits sont-ils tous mariés ?

Leurs bras sont-ils toujours bien employés ?
Parfois leurs vers et leur prose futiles
Ne sont-ils pas à la terre inutiles ,
Et du bonheur que leur plume nous fait
Devenons-nous plus heureux en effet ?
Est-ce par eux que la terre est féconde ;
Eux qui , toujours parlant du *produit net* ,
Et labourant du fond d'un cabinet ,
Sont toujours prêts à ruiner leur monde
Avec les biens dont leur génie abonde ;
Satisfaits d'eux , quand ils ont professé
L'agriculture au quatrième étage ;
Ayant souvent , pour unique héritage ,
Sur leur fenêtre un domaine encaissé ;
Gens mécontens du présent , du passé ,
A l'avenir sacrifiant notre âge ?
Je reconnais la voix des novateurs ,
Pauvres esprits , toujours riches d'erreurs.
Je le sais trop : notre perte est jurée ,
Et la patrie , à vos rêves livrée ,
Voit s'ébranler , par vos coups destructeurs ,
Les fondemens de ses antiques mœurs ;
Verra détruire , au milieu des orages ,
Dans le désordre et l'agitation ,
Ces lieux si chers à la Religion ,
Environnés de respects et d'hommages. ...
D'autres que nous , victimes à leur tour ,

Eprouveront l'effet de vos systèmes.
Vos sectateurs, mon fils , seront, un jour,
De leurs succès épouvantés eux-mêmes :
Mais vainement ils seront avertis
Du précipice ouvert dans la carrière.
On les verra , dans l'abyme engloutis ,
De leur *Raison* recevoir le salaire ;
Leur sang coupable arrosera la terre ,
Dans la fureur et le choc des partis ;
Dieu permettra..... — Dieu, mon révérend père,
Avant ce temps , lui-même aura , je crois ,
Quelque embarras à défendre ses droits.
Je reconnais , dans votre prophétie ,
Le fanatisme au langage hébété ,
L'hypocrisie et sa duplicité ,
L'acharnement , la haine réfléchie
De l'ignorance et la stupidité
Contre les droits de la Philosophie.
Je crois entendre *aboyer en ce lieu*
Trublet , Cogé , Pompignan et Nonotte,
Race imbécille et canaille dévote ,
Plats écrivains agréables à Dieu ,
Gagnant le Ciel a force de sottise.
Mais vos beaux jours, mes pères, sont passés.
Adieu, cagots ; adieu, porcs engraissés
Dans la paresse et la fainéantise ;
Adieu , pieds-plats, insectes , vermisseaux ,

Vils animaux que la boue a fait naître :
Sortez enfin de vos vastes palais,
Et demandez, pour reposer en paix,
Honnêtement un asile à Bicêtre (1).

Disant ces mots, de colère enflammé,
Et s'enfuyant du couvent alarmé,
Sans malencontre il poursuit son voyage,
Et de la Sprée il atteint le rivage.
Là, Frédéric, dans un noble repos,
Victorieux, affermi sur son trône,
Faisait mouvoir carrément, en colonne,
A droite, à gauche, un peuple de héros,
Lesquels, parfois, recevaient sur le dos
Le nerf de bœuf que la tactique ordonne.
Jamais grand roi n'apprit mieux à ses gens
A fusiller les hommes en six temps,
Et ne fit mieux admirer sa manière
De dépeupler artistement la terre,
En uniforme, en jolis paremens :
Mais, reprenant une plume féconde,
A Sans-Souci paisible et retiré,
De son bureau, philantrope éclairé,
Avec usure il repeuplait le monde ;

____

(1) Toutes ces idées et ces expressions sont
tirées des œuvres badines et légères du Philosophe.

Et ses écrits, tant français qu'allemands,
De son génie assez nombreux enfans,
De la tactique effaçaient les ravages.
Sire, lui dit l'illustre voyageur,
Salut et gloire au Roi littérateur,
Au Souverain philosophe et poète,
Plus grand en vers, en prose, qu'à la tête
Des légions que guide sa valeur !
A Salomon vous êtes tout semblable,
Sauf qu'il était moins vaillant, moins aimable;
Qu'il eut, dit-on, plus de mille moitiés,
Et qu'il faisait d'assez méchants cantiques.
J'admire fort vos soldats de six pieds,
Dressés par vous aux meurtres héroïques,
De votre gloire aveugles instrumens.
La Silésie est un joli domaine
Conquis par vous : dépouiller une reine
Est fort bien fait, quand elle est un peu vaine
De ses états, et quand ils sont trop grands.
Si cet exploit n'est pas des plus galants,
Il est fort bon par les biens qu'il entraîne ;
Le monde sait que la justice humaine
Est du côté des meilleurs régimens (1).

---

(1) Durant la minorité de Louis XIV, son
armée n'étant que médiocrement forte, la
reine mère dit un jour au maréchal de la Ferté :

Rien n'est plus noble, enfin, plus magnifique,
Que d'éclaircir un peu l'humanité
Par un carnage exact et symétrique.
Mais je propose à Votre Majesté,
A son génie ardent, philosophique,
De dépouiller, par une autre tactique,
Un ennemi plus grand, plus redouté
Qu'une princesse et le corps germanique.
Cet ennemi, c'est la Divinité,
C'est Dieu lui-même et la foi catholique.
Je viens, Seigneur, fier de la dignité
De Général d'assez haute importance,
De votre plume implorer l'assistance,
Solliciter, pour assurer nos coups,
Et votre prose et votre poésie.
L'impiété d'un prince tel que vous
Est nécessaire à la Philosophie (1).

Monsieur le maréchal, les ennemis sont plus forts que nous cette année ; mais nous avons le bon droit pour nous, et Dieu se rangera du côté de la justice. Corbleu! Madame, lui répondit-il, ne vous y fiez pas ; j'ai toujours vu Dieu du côté des gros bataillons. Cette réponse est plaisante : mais elle n'en est pas moins destructive de toute morale, de toute religion, et consacre entièrement le droit du plus fort.

(1) Le système favori du roi de Prusse est

Poursuivre Dieu jusques au firmament ;
De l'Univers, plein de sa tyrannie,
Prendre l'empire et le commandement,
Vous paraîtra d'une audace infinie :
Mais du succès j'ose être le garant,
Si Salomon à nos plans s'associe ;
Si, secondant notre trame hardie,
Homme de lettre et Philosophe roi,
Dans notre armée il accepte un emploi....

Lors à ce prince en secret il explique
Ses grands moyens et ses vastes projets ;
Il l'initie aux mystères secrets
D'où doit sortir l'Œuvre encyclopédique :
Enorme livre en vingt mille feuillets,

---

consigné dans les vers suivans, adressés au maréchal de Keit :

Ainsi, de l'avenir jugeons par le passé :
Comme, avant que je fus, je n'avais point pensé,
De même, après ma mort, quand toutes mes parties
Par la corruption seront anéanties,
Par un même destin je ne penserai plus.
Non, rien n'est plus certain ; soyons-en convaincus.
Dès que nous finissons, notre ame est éclipsée :
Elle est, en tout, semblable à la flamme élancée
Qui part du bois ardent dont elle se nourrit,
Et, dès qu'il tombe en cendre, elle baisse et périt.

Qu'on doit noircir d'encre philosophique.

Avec orgueil dans ma cour je reçois ,
Dit Frédéric, le père de Zaïre,
De Mahomet, de Pandore, d'Alzire,
De Fierenfat, de l'Orphelin chinois,
De tant d'écrits et de contes pour rire,
Tous dirigés contre le Roi des rois.
De vos projets ma raison est charmée ;
Ils sont fort beaux : votre petite armée
De fiers docteurs et de petits bourgeois ,
Un peu crottés et logés près des toits,
D'un noble orgueil animée et bouffie ,
Me fait d'avance admirer ses exploits,
Lorsque par vous, sur-tout, elle est remplie
D'enthousiasme et de philosophie.
Certe , il serait honorable pour moi
De me mêler à cette bourgeoisie :
Mais, aujourd'hui , je vous en remercie ;
Tout est changé, mon cher, et je suis roi.
Aux préjugés, aux erreurs du vulgaire ,
Vous le savez, encor prince royal,
J'ai fait long-temps une assez rude guerre ,
Aidé par vous et par mon secrétaire.
Pour un héros, je n'écrivais pas mal ;
Ma poésie était assez légère. . . .
Je ne dois plus éclairer l'Univers :

Les rois sont faits pour lui donner des fers.
Je ne veux plus répandre la lumière
Autour de moi : les trônes de la terre
Sont trop souvent entourés de pervers ;
Une canaille indocile et grossière
Se contient mal par le charme des vers,
Par des discours sur *la loi naturelle*,
Par la Raison , dans les livres si belle.
Dieu m'est utile ; il ne m'est plus permis
De me ranger parmi ses ennemis.
Sur son pouvoir ma couronne repose,
Et, comme roi, je lui dois quelque chose.
Mais je veux bien, par estime pour vous,
Demeurer *neutre* en cette conjoncture :
Le Roi des rois, le Dieu de la Nature,
Seul et sans moi, peut repousser vos coups.
Que s'il succombe en cette étrange lutte,....
J'admirerai les auteurs de sa chute (1).

A ce discours le héros interdit
Ne répond point. Il cache son dépit.
De s'assurer une utile alliance
Il n'ose plus concevoir l'espérance.

---

(1) Frédéric a dit que, s'il avait une province
à punir, il la ferait gouverner par des Philosophes.

Chez le monarque, il jouit cependant
Des honneurs dûs au mérite, au talent,
Et d'une clef sur sa poche appliquée,
Le roi lui fait l'agréable présent (1) :
Vaine faveur, vain dédommagement
D'une ambassade inutile et manquée !
Un Philosophe, un Poète, un Savant,
Méprise un peu les clefs honorifiques.
Voltaire fuit ; il emporte, en fuyant,
De Frédéric les vers philosophiques.
Il veut prouver, par ce vol innocent,
Qu'il a conquis un allié puissant.
Il cheminait, emportant les cantiques
De Salomon ; quatre grands caporaux
Sur la frontière atteignent le héros :
—Vous emportez l'œuvre de *poëstrie* (2)
De notre maître ; il nous charge, *Monsir*,
De le reprendre à votre seigneurie.
S'il vous plaisait de vous en dessaisir....
—Hélas, Messieurs, pour abréger ma route,

---

(1) La clef de chambellan.

(2) Les caporaux se servirent, en effet, de cette propre expression ; et ce n'est point là une gentillesse poétique de notre invention. *Voyez* les Mémoires où Voltaire rend compte lui-même de cet évènement.

De quelques vers, en partant, j'ai fait choix.
J'aime beaucoup les vers que font les rois :
Leur *poëstrie* est très-belle , sans doute:
Mais je remets, de bon cœur, dans vos mains,
Ce beau recueil de vers , moitié germains,
Moitié français ; cette prose rimée,
De l'Allemagne à bon droit estimée.
— Ce n'est pas tout : car notre mission
N'est point finie ; et le roi', notre maître,
Nous a donné l'ordre, un peu dur peut-être ;
De bâtonner son frère en Apollon.
Permettez-nous de faire notre office :
Vous connaissez les devoirs du service.....
O trahison! ô rigueur ! ô forfait !
Au même instant le service se fait.
Les caporaux, 'exercés dans leurs rôles,
Du Philosophe atteignent les épaules,
Mais avec ordre , et par coups redoublés
Que la tactique elle-même a réglés :
Ainsi j'ai vu, dans ma plaine riante,
Quatre manans , armés de leurs fléaux,
Distribuer , par mouvemens égaux ,
De pareils coups à la gerbe innocente.
Sous le bâton, le héros malheureux
Invoque en vain la *douce bienfaisance ,*
L'*humanité*, la *bonté* , la *clémence* ;
Termes charmans , coulans, harmonieux,

Qu'un caporal croit des termes hébreux :
Tant ces Messieurs ont peu d'intelligence !

On cesse enfin l'exercice cruel.
Voltaire y voit la malice du Ciel ,
D'un Dieu jaloux , brutal en sa colère ,
Qui , déjà plein d'épouvante et d'effroi ,
Déjà trahi par son faible tonnerre ,
A , sur le dos de son noble adversaire ,
Donné carrière aux caporaux d'un roi (1).

Des deux côtés la guerre se déclare.
Mais l'ennemi le plus faible est barbare ;
A sa fureur tout moyen semble bon ,
Et la faiblesse a recours au bâton.

Déjà par-tout la plume se prépare
A guerroyer : mille feuillets vengeurs
Sont déjà pleins des vers et de la prose
Par quoi , bientôt , doit triompher la cause
De la Raison et des grands raisonneurs.

---

(1) Outre les coups de bâton dont il est question ici, Voltaire en avait reçu du chevalier de Rohan , dans la rue St-Antoine , en plein midi.

Fin du quatrième Chant.

CHANT V.

ARGUMENT.

Voltaire revient à Paris. — Rousseau, en son absence, a conspiré contre lui. — Combat singulier entre la Pucelle et la Nouvelle Héloïse.

O bel effet de la Philosophie !
Belle Sagesse aux hommes départie !
Comme elle apprend à supporter les maux
Qui, sur la terre, inquiètent la vie !
Un Philosophe, entouré de fléaux,
Vaincu par eux, brave leur barbarie.
Les reins brisés, et l'épaule meurtrie,
Il est encor le roi des animaux :
Sa dignité n'en est point avilie,
Toujours plus fier, plus grand que ses bourreaux.

Voltaire, seul, délaissé sur l'arène,
Faible, et pouvant se soutenir à peine,
Contre le Ciel lève un poing menaçant ;
Et ses regards, pleins d'audace et de haine,
Vont braver Dieu jusque-là trop puissant.

Impatient de revoir sa patrie,
Et dégoûté des Salomons du Nord,
De leur sagesse et de leur *poëstrie*,
Il cheminait, méditant sur son sort,
Et respirant la vengeance et la guerre.
Son prompt retour devenait nécessaire.
Dans son armée un parti s'est formé,
En son absence, à sa perte animé.
On parle encor de ce rival farouche,
De ce Rousseau, son mortel ennemi,
Sombre animal qui n'était qu'endormi.
Le *sentiment* qui coule de sa bouche,
Le tendre amour dont il est précepteur,
Son éloquence et sa métaphysique,
Son menuisier, ses malheurs, sa musique,
Son savoyard, tout parle en sa faveur.
De raisonneurs une troupe rebelle,
Dans son délire, à Voltaire infidelle,
Insolemment s'apprête à se ranger
Sous les drapeaux du fils de l'horloger ;
Et ce parti, qui sourdement milite,
Avec succès pense opposer à Dieu
Un Général qui n'a ni feu ni lieu,
Et dont la prose est l'unique mérite.
Voltaire arrive : on l'informe soudain
De cette trame odieuse et perfide.
Un prosateur n'a rien qui l'intimide :

Mais il est temps que, la plume à la main,
Il le combatte ; il est temps qu'il achève
De terrasser le bourgeois de Genève.
Soudain il s'arme, et, de son cabinet,
Contre le cuistre il décoche un pamflet ;
Moyen plaisant, et pourtant redoutable.
De ridicule il le couvre et l'accable.
Les révoltés, confus de leur erreur,
Sont ramenés sous ses ordres suprêmes,
Et, malgré tout, forcés de rire eux-mêmes
Et de Jean-Jacque et du pamflet vengeur.

Mais ce héros, que la rage dévore,
A se venger ose songer encore.
De tant d'affronts à bon droit furieux,
Quelque bravoure entre enfin dans son ame ;
Et, dans le sang d'un rival odieux,
De son épée il veut tremper la lame ;
Car une épée était en son pouvoir,
Mais que le sang n'avait jamais souillée,
Et, vierge encor, dans le repos rouillée :
Sans frémir même il ne pouvait la voir ;
Tant des humains il respectait la vie !
Tant il avait parlé d'*humanité*,
De *bienfaisance* et de *philantropie !*
Mais que ne peut un poltron révolté !
Il s'arme donc, et sa lame paisible

Semble souffrir de se voir au côté
D'un écrivain devenu si terrible.
Il part, il vole, et, burlesque guerrier,
Il se présente au logis de Voltaire,
Et lui propose un combat singulier.
Quoi, dit Voltaire, il a pris fantaisie
De ferrailler à l'amant de Julie !
Le doux ami, devenu spadassin,
Veut m'enfoncer sa pointe dans le sein,
Le sein d'un homme et d'*un être ayant vie!*
Se pourrait-il ?.... quand les larmes d'un veau
Font une plaie à ton ame attendrie,
Et quand ton cœur prend le deuil d'un agneau
Que son destin mène à la boucherie !
Tu crains le meurtre, et tu faisle bourreau !
Vilain, tu prends les airs d'un hobereau !
Qui t'a donné cette noble furie ?
Et cette pointe, instrument de boucher,
Si gauchement pendue à ta ceinture ?
Certes, l'honneur est allé se nicher
Chez un faquin d'une étrange encolure.
Hélas! crois-moi, retourne te blottir
Entre tes draps, sur ta couche un peu sale :
Mets par écrit ta fureur martiale ;
Sur ton papier fais le brave à loisir.
J'y répondrai, s'il m'en prend fantaisie :
Mais je n'ai point encore assez vécu.

Riche, veux-tu que je risque ma vie
Contre un maraud qui n'a pas un écu ?
Mais, pour vider notre grande querelle,
Je te propose un parti plus prudent :
Que ta baronne attaque ma Pucelle ;
Et que chacune, au nom de son amant,
Se dévouant pour la Philosophie,
Sur une arène à notre gré choisie,
Aille donner le spectacle nouveau
D'un grand combat *unguibus et rostro* ;
A batailler plus que nous acharnées,
Que ces beautés règlent nos destinées.
Dans ce combat, qu'on peut croire inégal,
Si Margoton peut triompher de Jeanne,
Je reconnais en toi mon Général ;
A t'obéir mon orgueil se condamne :
Mais, si ma Jeanne, où je mets mon espoir,
Peut terrasser ta noble cuisinière,
Consens du moins, rentré dans le devoir,
A reconnaître aujourd'hui mon pouvoir,
A regagner humblement ta tanière.

Ce parti sage est goûté de Rousseau :
En Héloïse il met sa confiance ;
Et, remettant son épée au fourreau,
Il sort gonflé d'une douce espérance.
Les deux beautés apprennent à l'instant

La grande lutte où l'honneur les engage ,
Et leur grand cœur accepte, en tressaillant,
La mission donnée à leur courage.
Quatre témoins, par les héros nommés,
Sont, vers le soir , chargés de les conduire
Au rendez-vous ; lieu des plus renommés ,
Où , trop souvent, des champions armés
Sont avec grâce allés s'entre-détruire ;
Où des rivaux , épris des mêmes feux ,
Ivres d'amour , et conduits par la haine,
Ont de leur sang rougi la molle arène ,
Pour une Iris qui les trompait tous deux :
Là , s'échappant des jeux de Melpomène ,
Des *amateurs* se sont juré la mort ,
Pour décider , dans leur noble transport,
Quelle beauté faisait crier plus fort ,
Sur les treteaux, Phèdre , Alzire , ou Chimène.
Pour cette fois , un plus grand intérêt
Doit signaler cette belle carrière.
Jeanne y paraît fièrement la première ,
En jupons courts , en élégant corset.
Son œil s'anime, et, d'un pied téméraire ,
Impatiente , elle frappe la terre,
Et ses regards semblent aller chercher
Un champion trop lent à s'approcher.
Les deux partis sont bientôt en présence ;
Se mesurant, s'observant en silence.

Lors, se pressant de deux poings les deux flancs;
Jeanne débute en ces mots un peu francs :

Approche enfin , vertueuse suissesse ,
Collet monté, prude aux yeux langoureux,
Noble moitié de Jean-Jacques Saint-Preux;
Viens soutenir ton régent de *tendresse* ,
Ton ours galant, ton hibou doucereux.
Il faut , ici , laisser ta pruderie,
Quitter le style et le ton des romans :
Ce lieu n'est point le bosquet de Clarens ,
Où tu donnas, sans pouvoir t'en défendre ,
Et sans blesser les lois de la pudeur,
Certain baiser, précieuse faveur ,
Acre (1) et cruelle à force d'être tendre.
Je vais savoir si , fort de ton soutien ,
Ton cher amant prévaudra sur le mien ;
Si tu feras, jouant un nouveau rôle,
Un Général de ton maître d'école ,
D'un vagabond qui ne se fixe à rien ,
Tantôt impie , et tantôt bon chrétien ;
S'il recevra sa gloire , sa couronne,
De sa servante habillée en baronne ;
Et si tes bras seront aussi puissans

____

(1) St-Preux écrit à Héloïse que ses baisers
sont trop *âcres*.

Que ta morale et tes beaux sentimens.
Viens, mijaurée : enfin , voici le terme
De tes succès fondés sur ton amour.
Ici, du moins, sois courageuse et ferme,
Et ne fais pas, comme tu fis un jour,
Certain faux pas qui détruisit le germe
Mis dans ton sein ; car nous sommes instruits
Que, tous les ans, ta *sagesse* a des fruits.....

Ah ! c'en est trop, dit la tendre Julie ;
Cesse du moins d'alarmer ma pudeur.
Il est trop vrai, le Ciel me fit un cœur
Dont la tendresse influa sur ma vie ;
Le bon Jean-Jacque, hélas! fut le vainqueur
Que je choisis : ce choix me fit honneur.
Ce Philosophe avait tout pour séduire :
Il m'adorait ; il m'enseignait à lire.
Brûlant pour moi du plus terrible feu,
Il y mettait tant de délicatesse ;
Il m'écrivait, même d'un mauvais lieu,
Des billets doux si remplis de tendresse ;
En si bon style il me fit son *aveu*,
Que je cédai, soit bonté, soit faiblesse.
De la Nature il m'enseigna les lois :
Le naturel m'égara quelquefois....
Voilà mes torts : mais l'Univers m'en loue ;
Et la Nature a marqué, tous les ans,

Notre union par de jolis enfans,
Que je n'ai point allaités, je l'avoue,
Mais que du moins la police a trouvés
Très-bien portans, exposés dans la boue,
Et confiés tendrement aux pavés,
D'où retirés par des mains protectrices,
Ils ont enfin obtenu des nourrices.
Mais te sied-il, effronté garnement,
De m'insulter, d'insulter mon amant
Sur nos devoirs et de père et de mère,
Quand nos écrits, sur ce point important,
Ont *allaité* l'Europe toute entière ?
Quelques marmots, quelques petits morveux,
Abandonnés par raison de ménage,
Peuvent-ils faire oublier l'avantage
Des grands bienfaits, en style harmonieux,
Que nous doit l'homme au berceau du jeune âge?
Où sont tes droits, folle de Domremi,
Agnès suivant les camps et les armées,
Pour dénigrer Julie et son ami,
Et leurs vertus en cent lieux imprimées,
Et leurs baisers, et leurs tendres soupirs,
Dont les lecteurs ont eu tous les plaisirs ?
Certes, j'admire en toi la sage fille
Qui maniait et l'épée et l'étrille,
Et, décemment courant les cabarets,
Aux palfreniers qui la trouvaient gentille,

Distribuait de vertueux soufflets ;
Puis exposée aux poursuites profanes
Des muletiers, des bandits et des ânes ;
Puis, à Voltaire unissant ses destins....
Hymen affreux, union criminelle,
Où, conservant le titre de pucelle,
Tu t'es vouée au mépris des humains !
Et tu prétends triompher de Julie,
Et l'égaler en vertus, en appas ; ·
Faire accorder à ton Micromégas (1)
Tous les honneurs de la Philosophie,
Quand je verrais mon triste genevois
Philosopher humblement sous ses lois ! .. ;
Ah ! je ne puis supporter cette idée....
Me voilà prête aux plus rudes combats.
Viens, ne crois pas m'avoir intimidée :
Je ne crains point la langue, les longs bras
D'un caporal en cotte, en falbalas.
Viens, virago, triste dévergondée ; ·
Viens.... A ces mots, le signal est donné.

---

(1) Micromégas est le titre d'un roman de Voltaire. C'est un mot grec composé, qui signifie grand et petit. Quelques critiques se sont permis de traiter mon héros de Micromégas, par allusion à son caractère où ils ont cru trouver à la fois de la petitesse et de la grandeur.

Jeanne, d'abord, sur la joue et le né
Reçoit un coup tellement assené,
Que sa casaque est bientôt inondée
D'un sang épais, noirâtre et gangrené.
A ce début, tranquille, indifférente,
Accoutumée à de tels jeux de main,
Elle mesure avec l'œil du dédain,
Du haut en bas, sa rivale imprudente ;
Et, s'avançant d'un air majestueux,
Elle riposte et lui saute aux cheveux.
Mais Héloïse, en postiche coiffure,
Devait à l'art toute sa chevelure.
Jeanne par là voit son espoir leurré,
Et dans sa main un chignon demeuré
Honteusement lui dérobe une tête
Qu'à secouer elle était toute prête.
Son ennemie, en ces rudes débats,
Voit sa toison sur l'arène étendue,
Et veut cacher, non sans quelque embarras,
Sa tête chauve et son oreille nue.
Lors toutes deux, sans vain ménagement,
Par leur fureur, par leur rage aveuglées,
Se saisissant au cou violemment,
Avec effort se tiennent étranglées.
D'un sang ardent, dans son cours arrêté,
Déjà leur teint s'enflamme et se colore ;
Quand le besoin de respirer encore

Leur fait lâcher prise de ce côté.
Mais leur fureur en devient plus cruelle.
De toutes parts le sang coule et ruisselle.
Vingt coups de poings, vingt soufflets à la fois,
Laissent par-tout l'empreinte de dix doigts.
Les falbalas, les jupes dégarnies,
Les *agrémens*, se changent en charpies.
Sur les gazons, de guenilles jonchés,
On voit combattre, à l'égal des Furies,
Les deux partis jusqu'au vif écorchés.
Dans ce conflit, la victoire indécise
Semble, un moment, pencher pour Héloïse :
C'est une hiène acharnée aux combats.
L'amour soutient et renforce ses bras.
L'amour !... on sait jusqu'où va son empire.
Qui ne connaît les grandes passions,
Et leurs fureurs, qui, tenant du délire,
Peuvent changer les agneaux en lions ?
Mais cependant Héloïse épuisée
Se ralentit : tondue et défrisée,
La tête basse, et le corps affaissé,
Ses bras moins prompts tombent sur sa rivale.
Elle recule, et les coups ont cessé.
Jeanne conserve une valeur égale.
Elle s'avance, et, malgré maints efforts,
Atteint Julie et l'appréhende au corps;
Elle l'enlève et l'arrache à la terre,

En se jouant d'un si mince fardeau !
C'est un hochet, c'est la plume légère
Que porterait sur ses reins un taureau.
En cet état, la suissesse éperdue
Est balancée et bercée un moment ;
Puis rudement à la terre rendue ,
Elle la mord horizontalement.
L'infortunée ose lever la tête ,
S'agite encore , et montre un front poudreux !
Mais sur sa nuque un pied victorieux ,
Fixant son corps , achève sa défaite.
Enfin , dit Jeanne , abaissant un regard
Hautain et fier sur Julie haletante ,
J'ai rabaissé cet orgueil si bavard ! ...
En est-ce assez , baronne ? es-tu contente ?
Conviens , au moins , avant que je consente
A t'affranchir de ce pénible état,
Que ton amant est un cuistre , un pied-plat ;
Fait pour aller , avec sa tendre amante ,
Au fond d'un bois , et , tapi dans un trou ,
Philosopher ainsi qu'un loup-garou.....
Ah ! dit Julie , ouvrant des yeux sinistres ;
Je l'avoûrai , c'est le plus grand des cuistres ;
Des malheureux poursuivis par le sort :
Je suis vaincue , et son génie a tort.
A l'accabler , je le vois , tout conspire.
Mon pauvre ami , dans ses jours les plus beaux ;

N'a jamais bu qu'à la coupe des maux ;
Tout l'a trahi, rien n'a pu lui sourire.
A son amour tout près d'être aux abois ,
Moi seule encor je souris quelquefois.....
Que ton héros, content de nos misères ,
Heureux et grand entre tous les humains ,
Commande seul aux braves écrivains
Près d'accabler le Ciel de leurs lumières !
Pour nous, bientôt, marchant avec nos mains ,
Dans un désert *promeneurs solitaires* ,
Nous bornerons notre dernier talent
A recueillir du trèfle ou du chiendent.....

    Ainsi finit cette lutte sublime
De deux beautés égales en valeur.
Jeanne, touchée et sensible au malheur ,
N'achève pas d'étrangler sa victime.
Sa main lui tend un généreux secours ,
Et la renvoie à ses tristes amours.

    Cette importante et brillante victoire
De mon héros assure le pouvoir ;
Et son rival a perdu tout espoir
De traverser sa fortune et sa gloire.

Fin du cinquième Chant.

CHANT VI.

ARGUMENT.

*Un Ange conseille à Dieu de prendre, contre
les Philosophes, des moyens sérieux de défense, attendu leur extrême audace et leurs
immenses préparatifs de guerre. — Il se décide à déchaîner Fréron contre Voltaire.—
Invectives du Journaliste. — Réponse véhé-
mente du Philosophe.*

L'ÊTRE ÉTERNEL que nous cachent les cieux,
Toujours assis à la première place,
Faisait mouvoir et rouler dans l'espace
L'immensité des mondes lumineux.
Ses yeux à peine, abaissés sur la Terre,
Pouvaient parfois distinguer les humains ;
Fragile ouvrage échappé de ses mains,
Se pavanant sur une fourmilière ;
Race mortelle, à bon droit un peu fière
De ses deux mains, de son os *facial*,
Du premier rang dans le règne animal.
Ce globe impur, cette boule de fange,
D'argile et d'eau mystérieux mélange,

Semblait, aux yeux du Roi de l'Univers,
Un grain de sable égaré dans les airs.
De sa grandeur, qui confond la pensée,
Dieu jouissait, paisible, triomphant,
Quand à ses pieds un ange s'abaissant,
Lui dit ces mots, d'une voix empressée :

Jusqu'à ce jour, ô *Seigneur des seigneurs,*
Rien n'a troublé le cours de vos grandeurs :
Votre pouvoir, vos ouvrages sublimes,
Ont triomphé du temps et des abymes :
Depuis le fond des enfers ténébreux,
Jusqu'au sommet resplendissant des cieux,
D'où vous pouvez dominer sur le Monde ;
Depuis la source invisible de l'onde,
Jusques à l'astre immense, radieux,
Source infinie et de vie et de feux,
Tout reconnaît la sagesse profonde
De vos décrets, et se courbe sous eux.
Mais quelque chose aujourd'hui m'inquiète
Pour votre gloire et votre sureté,
Pour l'Univers : votre Divinité
S'endort un peu dans sa haute retraite.
Si désormais votre foudre s'arrête,
Tout n'ira pas au gré de vos desirs.
Sur cette mince et légère planète
Où vous avez, pour vos menus plaisirs,

Fait végéter certaines créatures
Ayant nom d'homme, et marchant fièrement
Sur deux ergots, on trame sourdement,
On se remue, on fait des écritures.....
Cet animal, ce petit embryon
Doué par vous, avec économie,
D'un peu d'esprit et d'un grain de raison,
Tranche de l'aigle, et prétend au génie,
Dans sa cabane, il se croit éclairé
D'une lumière aussi vive que pure ;
Et son orgueil déjà démesuré
Veut corriger, réformer la Nature.
Le croiriez-vous? de la création,
Comme d'un livre, il s'érige en critique :
A son avis, cette œuvre magnifique
Manque d'ensemble et de correction ;
Votre Univers, plein de masses mobiles,
D'astres sans nombre à la terre inutiles,
Dans le principe, assez mal combiné,
N'a point de but direct, déterminé.
En vain veut-on dire, à votre avantage,
Que de six jours, au plus, il est l'ouvrage ;
Que, dans un temps si court, si resserré,
Certe, il a dû, malgré l'intelligence
Qui vous distingue au suprême degré,
Vous échapper plus d'une négligence :
L'homme s'obstine, et, du Diable inspiré ;

Le temps, dit-il, *ne fait rien à l'affaire;*
Et vous deviez, si la semaine entière
Ne suffisait à ce monde nouveau,
Prendre une année, et le faire plus beau.
Vous ne sauriez jusqu'où va son audace.
Si vous laissez carrière à sa raison,
Tout rentrera dans la confusion ;
Tout peut changer de nature et de place.
Systématique, inquiet, insensé,
Rapportant tout à la terre, à lui-même,
Il a déjà tourné, bouleversé
En cent façons votre antique système ;
A fait cent fois, dans sa folie extrême,
Déménager, aux plaines de l'éther,
Saturne, Mars, Sirius, Jupiter.
Il veut qu'autour de la petite boule
Où vous avez fixé son logement,
Avec respect tout se meuve, tout roule
Pour son service et son amusement....
Veuillez, Seigneur, abaisser votre vue
De ce côté, sur ce terrain fangeux,
Sur cette plaine,... au-dessous de la nue,
A gauche.....—Eh bien, c'est un ramas nombreux
De ces mortels,.... une grande cohue :
De grains de sable elle a fait un monceau;
Elle s'agite autour d'un filet d'eau...
—Ce filet d'eau, Seigneur, a nom de Seine ;

Il est célèbre, encor qu'un peu bourbeux;
Il coule à peine, assez fier dans son creux
D'être encaissé par l'industrie humaine.
Ce tas de sable et ce petit pourpris,
C'est une ville ; on la nomme Paris...
Sous ce beau nom, cette ville est fort vaine
De contenir huit cent mille habitans,
Et d'exister depuis quelques cents ans.
Ces petits points, cette vile matière
Que vous voyez, ces cailloux plus saillans
Que votre souffle ou que vos quatre vents
Pourraient confondre et rendre à la poussière ;
Hélas, Seigneur, ce sont des monumens !
Ils sont l'honneur, l'ornement de la terre;
Et les auteurs de ces brimborions,
Pour avoir mis pierre l'une sur l'autre,
Sont contens d'eux : la voix des nations
Les porte au ciel ; la gloire des maçons
Semble marcher de pair avec la vôtre....
Mais, à cette heure, en ce coin populeux,
Un ramassis, un gros de factieux,
Armé de plume, et barbouillant sans cesse
Un vil papier, et se donnant entre eux
Le sobriquet d'*amis de la Sagesse*,
Se croit au moins un gros de demi-dieux.
En ce moment, il marche, il se rallie
A je ne sais quelle Philosophie.

Ce bataillon d'écrivains , de greffiers ,
Nourrit , là-bas , l'ambition profonde
De vous ravir le gouvernail du monde , -
Et d'y régner du haut de ses greniers.
Un livre énorme , un ramas de papiers ,
Sont ses canons et son artillerie :
Chacun y va déposer son génie ,
Et ses pensers les plus audacieux.....
Vous souriez !.... La troupe écrivassière
A contre vous des projets sérieux.
Son Général est le fils d'un notaire ,
Un grand garçon, maigre , sec, décharné,
Un peu poltron contre l'homme son frère,
Mais , contre vous, brave , déterminé , .
Jusqu'à l'excès impie et téméraire.
Cet enragé, dès ses plus jeunes ans ,
A des succès toujours plus étonnans,
Tels que déjà la moitié de la terre
Est partagée entre vous et Voltaire.
Peut-être en vain votre courroux vengeur....
C'en est assez , interrompt le Seigneur :
Je savais bien que , sur ce petit globe ,
Dont le néant quelquefois se dérobe
A mes regards , des mortels remuans
Contre mes lois s'en allaient bourdonnans;
Je pardonnais à leurs petits murmures ,
A leurs clameurs, par les vents emportés :

Il est trop vrai qu'à la fin mes bontés
Ont enhardi ces sottes créatures....
Mais que feront, enfin, leurs écritures ?....
'— Je n'en sais rien : mais vous devez, Seigneur,
Quelle que soit votre vaste puissance,
Vous défier beaucoup de cette engeance ;
Tant sa malice a de la profondeur !
On né sait point jusqu'où peut vous conduire
L'homme éclairé, dont la main sait écrire ;
Qui lit du grec, déchiffre du latin ;
Qui sait un peu d'algèbre, de physique,
D'astronomie et de mathématique ;
Qui sait tourner un vers alexandrin,
Une épigramme, et distinguer enfin
Le sel *borax* du sel *muriatique*....
— Voyons un peu ce prodige nouveau,
Ce Général, ce foudre littéraire...
— Vous le voyez, Seigneur, à son bureau.
Avec ses gens, d'une plume féconde,
Il correspond ; il excite son monde ;
Il leur prescrit, en termes élégans,
De travailler, de cœur, d'esprit et d'âme,
A mettre l'homme à l'abri des tyrans,
A tout oser pour *écraser l'infame*....
— L'infame ! Eh qui ? — C'est vous-même, Seigneur.
Ce compliment est tout philosophique :
C'est de ce style agréable et flatteur,

Qu'un Philosophe et qu'un Sage s'explique....
—Certes, jamais mortel plus insolent
N'a respiré : mais puis-je me résoudre
A foudroyer ce méchant garnement,
A compromettre un carreau de ma foudre
Contre un fétu qui doit incessamment,
Grâce à la mort, n'être qu'un grain de poudre?
Laissons agir ces petits écrivains.
Je veux savoir à quel point les humains
Peuvent pousser leur orgueil imbécille...
Mais seulement descends dans leur asile ;
Va susciter à ce chef redouté ,
Pour échauffer et remuer sa bile ,
Un ennemi vigoureux, entêté ,
Plein d'une ardeur anti-philosophique ,
Propre à livrer un combat polémique :
Que, s'appuyant du Ciel, il ait l'emploi
De rabaisser la gloire impertinente
De ce pygmée acharné contre moi ;
Que sans relâche enfin il le tourmente ,
Et qu'il ne laisse à ce petit héros ,
Sous ses lauriers, ni plaisirs , ni repos.

Ainsi parla , d'une voix familière ,
Le Roi des rois à l'ange de la terre.
L'ange , avec joie obéissant soudain ,
Vole à Paris sous un costume humain.

Là , de Fréron il excite le zèle
Contre Voltaire et sa troupe fidelle ;
Il l'intéresse à la cause des cieux ,
Qu'il laisse voir entr'ouverts à ses yeux.
Cet écrivain dès-lors, avec audace,
Au Philosophe ose insulter en face ,
Et le poursuit de mille traits malins.
Quoi, lui dit-il, pour avoir fait l'histoire
D'un roi de France en vers alexandrins,
Tu crois d'Homère avoir atteint la gloire !
Et tes amis te placent sans façon
Entre Virgile , et le Tasse , et Milton !
Et tu prétends, dans ta place usurpée ,
Que ton pays enfin, avec raison ,
Peut se vanter aussi d'une épopée !
Mais tu prétends à bien d'autres succès ;
Pour avoir fait trente fois sur la scène
Pleurer , crier , bavarder Melpomène :
Tu crois avoir , au Théâtre-Français ,
Ravi la palme à l'aîné des Corneilles ,
Vaincu Racine en *pompeuses merveilles* (1) !
Ah! c'en est trop : laisse faire le temps ,
Et nous verrons si tes nombreuses rimes ,

______

(1) Expression de Boileau, en parlant des
tragédies de Racine.

Si quelques vers sonores et ronflans (1),
.Si tes héros débitant des maximes ,
Chez nos neveux plus sages , mieux pensans ,
Conserveront leurs rangs illégitimes ;
Si nos enfans trouveront aussi beaux
Tes longs fatras , tes pages surchargées
De faits menteurs , de termes *libéraux ;*
Approuveront, dans tes nombreux travaux,
Les nations si lestement jugées ,
L'histoire mise en jolis madrigaux,
'Tant de pamflets, tant d'œuvres enragées.....
Songe du moins que la postérité
Ne fait jamais grâce à l'impiété ;
Que des talens , de l'esprit, du génie ,
Que de beaux vers , des chants harmonieux ;
Ne sauvent point d'une longué infamie
L'homme pervers, coupable envers les Cieux ;
Que , sans la foi, qui donne une autre vie ,
Il a cueilli des lauriers superflus ;
Et qu'un beau style est un crime de plus ,
Quand il propage une morale impie.

Ainsi s'explique un homme audacieux
Que le Ciel pousse , et qu'un ange encourage.

———————

(1) Collé appelait les vers de Voltaire, des
vers luisans.

A mon héros un discours si pieux
Donne à bon droit quelques accès de rage;
Ah! répond-il, méchant écrivassier,
Plat barbouilleur, excrément de collége,
De quelle main barbare et sacrilége
Viens-tu souiller et flétrir mon laurier?
Pourquoi, bandit, qu'offusquent les *lumières*,
As-tu choisi le métier d'écrivain,
Au lieu d'aller, une rame à la main,
Te rendre utile au roi sur ses galères?....
.. Que dis-je? un cuistre, un lâche scélérat,
N'est pas novice au métier de forçat:
Tes bras ont dû ramer pour la patrie,
Et ton épaule est, sans doute, ennoblie
Des fleurs de lis et du sceau de l'état.
Oses-tu bien mêler ta voix impure
Aux chants du cygne, aux accens d'Apollon?
Atome immonde, insecte, vil frelon,
Né dans la fange et nourri dans l'ordure,
Folliculaire, animal, embryon,
Gredin, je veux que la race future
Prenne ton nom pour une grosse injure.
Je marquerai de réprobation
Ton imbécille et hideuse figure....

Voltaire ajoute à ces nobles fureurs
Quelques gros mots, que ma muse un peu prude

N'ose redire aux timides lecteurs,
Soit préjugé, soit trop longue habitude
De respecter la décence et les mœurs.
Fréron en vain, inspiré par un ange,
Voudrait répondre à ce style inconnu :
Le malheureux, de Dieu seul soutenu,
Doit succomber en cette lutte étrange.
Au ridicule, à la honte voué,
Sur un théâtre avec succès joué (1),
Les beaux-esprits de la cour, de la ville,
Dans leurs discours, leurs livres, leurs journaux,
L'ont proclamé *Bavius* ou *Zoïle*,
Pour le plaisir de placer mon héros
Bien au-dessus d'Homère et de Virgile.

Utile exemple, admirable leçon
Pour tout mortel rebelle à la Raison,
Fondant sur Dieu son espoir chimérique,
Et défendant, d'une voix fanatique,
Les bonnes mœurs et la religion !

---

(1) On sait que Voltaire a fait, dans l'*Ecossaise*, un rôle entièrement dirigé contre Fréron.

Fin du sixième Chant.

CHANT VII.

ARGUMENT.

*Voltaire descend dans le puits de la Vérité.
— Portrait de cette déesse. — Description de
son boudoir. — Voltaire rencontre chez elle
J. J. Rousseau. — Confession générale du
citoyen de Genève.*

Tout n'est pas fleurs et plaisirs sur les pas
Du Philosophe aux vastes entreprises ;
Et mon héros, près d'en venir aux prises,
Sur tant d'écrits ne se rassure pas.
Sur les succès de la guerre et des armes
Qui peut compter avec sécurité ?
Il s'inquiète, il conçoit des alarmes
Sur les suppôts de la Divinité.
Tant de chrétiens ligués pour sa défense,
Les rois, les grands, de préjugés nourris,
Le fanatisme aidé de l'ignorance,
Tout peut tromper l'espoir des beaux-esprits.
Oh, qu'il voudrait rencontrer la déesse
Que dans ses chants il invoque sans cesse !
Qu'il voudrait voir l'auguste Vérité

'Autour de lui *répandant sa clarté* (1) !
Que ne peut-il, déterrant son asile,
Et l'arrachant à son obscurité ,
La présenter à la foule imbécille
De ces mortels dont l'esprit entêté
La croit un être à la terre inutile,
Être sans corps et sans réalité ,
Ou quelque mot à plaisir inventé !
Du Philosophe estimée et chérie,
Toujours vouée à la Philosophie ,
Seule elle peut parler à tous les cœurs :
Le genre humain à ses traits séducteurs
Serait forcé de rendre enfin les armes ;
La Vérité verrait , devant ses charmes ,
Se dissiper mille humaines erreurs....

Où la trouver ?... Il apprend qu'un confrère,
Que Maupertuis, dans un coin de la terre,
Au Mont Krapach, déjà rendu fameux ,
Vient de creuser un puits mystérieux ,
Où , loin du Ciel, la Vérité réside ,
Seule , et voulant éviter tous les yeux.
Dans cet asile, aussi sombre qu'humide ,
Il veut descendre , ainsi que maints héros
Sont descendus aux gouffres infernaux,

____

(1) Allusion à l'invocation de la Henriade.

F

Bravant Cerbère et cent monstres farouches ;
Tels que *la Haine et l'Envie aux yeux louches.*
Au pied du mont il arrive effaré,
Cherchant du puits l'orifice sacré.
Il le découvre enfin, et se prépare
A pénétrer dans ce nouveau Tartare.
Ainsi qu'on voit d'intrépides mineurs,
Se confiant à de fragiles chaînes,
Aller d'un gouffre interroger les veines ;
Pour en extraire, à force de labeurs,
Malgré les eaux rebelles à la pompe,
Certain métal qu'un malheureux rimeur,
Dans ses beaux chants, appelle *corrupteur*
(Tout en chantant, afin qu'on le corrompe) ;
Tel le héros, dans un seau suspendu,
Au fond du puits est soudain descendu,
Non sans trembler qu'un anneau ne se brise.
D'être sans peur il n'a pas le secret,
Comme les fils et d'Ulysse et d'Anchise,
Que le destin conduit et favorise
Dans les enfers : .... mais le fils d'Arouet
Connaît la peur ; il estime la vie,
Et cette estime est un don, un bienfait
Qu'il a reçu de la Philosophie.
On sait combien le cri des nations
A la bravoure impute d'homicides :
Que deviendrait, ah ! bourreaux intrépides ;

La race humaine, hélas, sans les poltrons?

Il voit d'abord des voûtes souterraines,
Triste séjour, faiblement éclairé
Par des lueurs timides, incertaines.
En s'avançant, indécis, égaré,
Toujours saisi d'une trop juste crainte,
Il gagne un sombre et vaste labyrinthe,
Où, par un fil, il n'est point rassuré.
Une Ariane à ce nouveau Thésée,
Dans sa tendresse inquiète et rusée,
N'a point donné, contre de longs détours,
D'un peloton l'ingénieux secours.
La Vérité, dans cette route oblique,
Ne s'offre point aux regards du héros.
Il la demande à de nombreux échos :
Mais des échos le style laconique,
Le ton pédant, goguenard et moqueur,
Semblent toujours insulter au malheur.
En s'enfonçant encore, il voit paraître
Quelques mortels pâles et décharnés,
Pour des savans aisés à reconnaître
A leur figure, où siégent de longs nez,
A leurs papiers noircis et griffonnés.
—Salut, Messieurs! Vous la cherchez, sans doute?
L'avez-vous vue? est-elle loin d'ici?
Suis-je égaré? le seriez-vous aussi?

F 2

—Non, mon ami ; cette route est la bonne :
Mais aujourd'hui l'aimable Vérité
N'est point visible et ne reçoit personne.
Nous attendons avec tranquillité ,
Pleins du respect qu'on doit aux immortelles ;
L'heureux·moment.... En attendant, du moins ;
Elle nous donne ici de ses nouvelles ;
De nous instruire elle prend quelques soins.
Elle m'écrit , et ne veut rien rabattre
De son calcul, exact en tous les points ;
Elle m'écrit que *deux et deux font quatre ;*
Que, si de cinq on veut retrancher trois,
Il reste deux ; que , si l'on multiplie.....

UN AUTRE SAVANT.

Elle m'assure , et j'en crois mon amie ,
Que d'un carré tous les angles sont droits.

UN AUTRE.

Elle m'écrit que les hommes sont frères ;
Qu'entre eux aussi ces frères sont égaux ;
Qu'ensuite ils sont au rang des animaux ;
Que des *guenons jadis furent leurs mères.*
J'apprends encor que ces fils de guenons,
Que les humains sont nés libres et bons ;
Et que, malgré leur nature de bête ,
Ils sont formés pour aller jusqu'au faîte
Et du génie et des perfections.

UN AUTRE.

La Vérité, Messieurs, me communique
Ses bons avis touchant la politique.
Voici le fait. Le peuple est souverain :
Se gouverner par soi-même est trop juste.
Le noble doit obéir au vilain :
Car du vilain le bras est plus robuste.
De tous les rois les pouvoirs usurpés
De nullité doivent être frappés,
Et n'ont plus rien de sacré ni d'auguste
Devant des gueux en conseil attroupés :
Car à ces gueux la main de la Nature
A départi de suffisans pouvoirs
Pour obtenir une liberté pure,
En pratiquant *le plus saint des devoirs ;*
Duquel devoir la sainteté consiste
Dans la révolte et l'insurrection :
Torrens fougueux auxquels rien ne résiste ;
Où la canaille en fermentation
Est vraiment grande et forte publiciste !

UN AUTRE.

Je suis chargé, de par la Vérité,
De dire aux rois d'assez grosses injures ;
De ravaler un peu leur majesté
Par des leçons aussi mâles que dures ;
De leur glisser cet avertissement,

Qu'ils sont du peuple agens ou mandataires ;
Et de l'état premiers hommes d'affaires,
Constitués, avec appointement,
Pour commander, par des lois temporaires,
A des marauds toujours prêts à jouir
Du droit qu'ils ont de ne point obéir.
La Vérité fait d'instantes prières
Aux bons *agens*, gouverneurs des états,
De s'entourer des talens, des lumières
De ces savans, de ces doctes pieds-plats,
Dans les cités devenus locataires
Des entresols et des greniers à rats ;
Tous gens experts, ayant des théories
Pour travailler, guérir les monarchies :
De s'en fier de même aux avocats
Dits de village ; espèce qui se pique
de tout savoir ; petits *particuliers*
Fort entendus à la chose publique ;
Bourgeois mutins, qui, de leur rhétorique
Sachant par cœur encor tous les cahiers,
Sont devenus d'excellens Démosthènes,
Déterminés à d'éternels discours,
Et maniant le timon ou les rênes
De vingt états, en discourant toujours.

Je reconnais, Messieurs, à ce langage,
La Vérité, leur répond le héros :

Mais ces avis sont loin d'être nouveaux,
Et je prétends en savoir davantage.
D'autres avis peuvent m'être donnés....
La Vérité doit, je pense, à Voltaire
De grands secrets qu'elle cache au vulgaire....

A ce grand nom, les savans étonnés
Ouvrent ensemble une bouche béante.
Le rare aspect d'un homme tel que lui
Les interdit autant qu'il les enchante.

Quand quelquefois, pour tromper son ennui,
Ce mal qui suit les grandeurs à la piste,
Un souverain, fuyant à l'improviste
Ses courtisans et son vaste château,
Chez un bourgeois se rend *incognito ;*
L'hôte trompé, méconnaissant son homme,
De cent propos le désole, l'assomme,
Fait l'important et tranche du seigneur,
Et prend un ton léger et protecteur :
Mais tout-à-coup, quand viennent à paraître
Chevaux, valets, équipages brillans ;
Quand l'attirail dont s'entourent les grands,
Fait au vilain reconnaître son maître,
Le malheureux a perdu son caquet,
Et le bavard est devenu muet ;
A l'air capable, à la tournure leste,

Succède un gauche et timide maintien :
C'était un sot qui ne doutait de rien ;
Il l'est encor, mais du moins plus modeste.

' Avec éclat le beau nom retentit
De toutes parts dans la grotte profonde.
La Vérité, du fond de son réduit,
Entend ce nom que révère le monde.
Elle voudrait vainement se cacher
Au grand mortel qui daigne la chercher.
Une beauté peut laisser à sa porte
D'obscurs amans se morfondre à loisir :
Mais un héros ne sait pas y languir,
Et son nom seul, lui servant de main-forte,
Enfonce tout et se fait tout ouvrir.'

Voltaire enfonce une porte légère,
Cadre pourri que couvre un linge épais ;
De la déesse il ouvre le palais :
Eh, quel palais ! ô guenille ! ô misère !

Dans un cachot que n'a point décoré
La main des arts, sur l'argile fangeuse,
Un vieux coussin, de paille rembourré,
Est le seul lit où dort la malheureuse.
Sur une table en forme de treteau,
Brûle sans fin une longue chandelle;

Un pot rustique, où croupit un peu d'eau,
De la déesse est l'unique vaisselle.
Dans un recoin de ce boudoir nouveau ,
Est un amas énorme de brochures,
De vieux bouquins, d'antiques écritures ,
Dont tout-à-coup sort, comme d'un tombeau ,
La Vérité , secouant sa poussière.
Elle s'avance au-devant de Voltaire,
En lui tendant une obligeante main.
De quatre pas il recule soudain ,
Epouvanté de sa laideur amère.
Puis-je aux lecteurs de portraits curieux
La peindre ici comme elle s'est montrée ?
Sur un cou tors , décharné , musculeux ,
Pèse sa tête ignoblement carrée,
Où l'on distingue, au fond de deux grands trous ;
Deux petits yeux, ombragés de poils roux.
Sa bouche en cœur, niaisement ouverte ,
Telle qu'un gouffre où tout va se perdant ,
Avec douleur semble accuser la perte
Récente encor d'une dernière dent.
Une honteuse et rare chevelure
Tombe en toupet sur son front sillonné ,
Où prend naissance un effroyable né ,
Passant des nez l'ordinaire mesure.
Mille lambeaux , sales , déchiquetés ,
Que réunit une lâche couture ,

Forment la robe où sont empaquetés
D'affreux appas, honte de la nature.
—Eh quoi, c'est vous, ô chaste déité
Que j'ai souvent de la terre appelée
A mon secours ! c'est vous, ô Vérité,
Que je croyais brillante de clarté,
Pleine d'attraits et de grâce comblée ;
Vous, que cent fois, d'une voix ampoulée,
Nos écrivains, poètes, prosateurs,
Ont invoquée en termes pleins de fleurs ;
Qu'ils ont traitée, et d'aimable, et de sainte ;
D'auguste encor ; enfin qu'ils ont dépeinte
Des plus beaux traits, des plus nobles couleurs !
O rhétorique ! ô couleur mensongère !
Je prétendais vous montrer à la terre,
Avec succès vous opposer à Dieu,
A ses agens.... Vous ferai-je l'aveu
De ma surprise, hélas ! de mes alarmes ?
Je crains l'effet de vos terribles charmes....

Il poursuivait, quand du vaste tombeau
Sort tout-à-coup une voix aigre et forte,
Criant : *Vitam impendere vero* (1) ;
Puis ajoutant : Daignez ouvrir la porte

---

(1) · Devise adoptée par J. J. Rousseau dans
tout le cours de sa vie littéraire.

De votre temple à Jean-Jacques Rousseau.
De ses péchés il vient, grande déesse,
A vos genoux, s'accuser à confesse....
Ah! dit Voltaire, ah! l'ennuyeux gredin,
Toujours par-tout campé sur mon chemin!
Dois-je avec lui me voir encore aux prises!
Il faut, Madame, écouter ses sottises :
Il dira tout avec naïveté.
Dans votre puits, il sera bon d'entendre
Ce publiciste et ce penseur si tendre
Se confessant à votre déité,
Et d'une vie errante et libertine
Vous dévoilant toute l'iniquité....
Moi, retiré sous la voûte voisine,
Pour lui laisser entière liberté,
J'entendrai tout d'une oreille assez fine.

On introduit le héros genevois :
Il crie encor, d'une éclatante voix,
Qu'à la déesse *il consacre sa vie.*
De toute femme intrépide amoureux,
Toute vilaine a pour lui de beaux yeux.
La Vérité lui semble encor jolie ;
Il aperçoit en elle mille appas ;
Tant le faquin a les passions vives !
Et, se jetant à ses pieds un peu plats,
Il se confesse en ces phrases naïves :

O Vérité , j'accomplis le dessein ;
Peut-être unique , et sur-tout nécessaire ;
De m'épancher dans votre chaste sein ;
De vous montrer , comme à toute la terre,
Un gueux sublime , un vertueux coquin ;
De faire voir une ame toute nue. . . .
Absous par vous , après mon humble aveu ;
Je devrais être admiré comme un dieu ;
On me devrait du moins une statue ,
Pour mes hauts faits et mes nobles travers.
J'ose penser que vous et l'univers
N'apprendrez pas avec indifférence
Qu'un horloger me donna la naissance ;
Et qu'à huit ans par ma bonne fessé ,
Je lui fis voir un génie avancé.
Il est bien vrai que le génie entraîne
Quelques écarts. Je m'écarte , un beau soir ;
De ma patrie et de l'humble manoir
De l'horloger , pour gagner le domaine
Des vrais bandits et des francs libertins ,
Lequel domaine est sur les grands chemins.
La faim me prend sur la route publique ,
Et , pour manger , je me fais catholique.
Chemin faisant , j'acquiers des amis vrais ;
On me protége , et je deviens laquais :
Mais , sur mon bras , j'ennoblis la serviette.
Toujours sensible , et libre dans les fers,

Je suis épris des beautés que je *sers*,
Et je soupire en leur changeant d'assiette.
Sur le pavé, pour prix de son ardeur,
On rétablit le galant serviteur.
Houni, chassé, ma fierté s'en augmente.
Manquant de tout, le bien d'autrui me tente :
De certain vol j'accuse une servante ;
A ses dépens je sauve mon honneur.
Toujours errant, une femme charmante
Me donne asile, au fort de mon malheur.
Tout vagabond a des droits sur son cœur.
Elle est chimiste, et dévote, et galante,
Apothicaire, et fait du sentiment,
Du bel-esprit, du baume et de l'onguent.
Elle m'inspire une flamme assez pure,
Dont je ne puis expliquer la nature ;
Car je l'adore, et je fais des façons
Pour être heureux : tant j'ai les passions
D'un nouveau genre et d'une étrange allure !
Un gros valet partage mon bonheur :
Heureux au sein d'une triple tendresse,
Nous nous aimons avec délicatesse.
Mon rival mort, ô regrets ! ô douleur !
De pleurs amers mon visage se mouille.
Mais je convoite, au fort de mon ennui,
Un habit noir, assez sale dépouille
Que le défunt a laissée après lui :

Maman gémit, sa plaie en est rouverte (1);
De son valet elle sent mieux la perte.
Un seul ami ne la satisfait point :
Un perruquier m'est donné pour adjoint.
Je me dépite, et, moi-même infidelle,
Je quitte, un soir, la maison *maternelle*,
Moins affligé, moins jaloux, en songeant
Que, vide un peu de sens et de cervelle,
Maman se perd et va manquer d'argent.
Ainsi finit ma tendresse sincère,
Que ne pouvait réchauffer la misère.

Courir le monde est encore mon lot.
D'un croque-*sol* je deviens le prévôt :
A partager sa fortune un peu triste
Je suis admis; il est mon seul appui,
Il est mon maître, et je vis avec lui
Modestement du cachet de l'artiste.
Un mal affreux saisit mon bienfaiteur :
Je l'abandonne aux bandits d'une rue,
Et je lui laisse une foule inconnue
Pour tout refuge, au comble du malheur.
La pauvreté de nouveau me dévore :
Et je deviens régent de deux marmots,

---

(1) Rousseau appelait toujours M.me de Warens
sa *maman*. Ce titre était bien *respectable* entre eux.

Enfans gâtés, garnemens assez sots,
Qui de mes mains sortent plus sots encore.
Chez l'honnête homme où je donne leçon
De probité, je suis un peu fripon ;
Je m'abandonne à la simple nature :
Car la nature, en sa *simplicité*,
Tend au larcin, pour plus d'égalité.

Las d'un métier dont mon esprit murmure,
Et jeune encor, je reviens à l'amour.
Certaine Iris, *innocente* et champêtre,
Se fait honneur de recevoir ma cour,
Et trouve en moi son amant et son maître.
Nous nous jurons, en présence du Ciel,
Lequel reçoit notre leste apostrophe,
Nous nous jurons, sans prêtre et sans autel,
Foi de Servante, et foi de Philosophe,
De nous garder un amour éternel ;
Union douce et sans cérémonie,
Seule conforme au code naturel !
De cinq enfans elle est bientôt suivie.
Ici, je manque au devoir paternel :
L'amour d'un père est peu philosophique,
Et cadre mal avec l'*amour de soi*.
J'avais compté sur la pitié publique
Des hôpitaux, plus *paternels* que moi :

Je place en eux toute ma confiance,
Et leur envoie, en de petits paniers,
Furtivement mes pauvres héritiers,
Dotés, hélas ! de leur seule innocence.

Voilà mes torts, voilà ma confidence...
Partant, *je suis des hommes le meilleur.*
Le croiriez-vous, ô ma divine amie ?
Un scélérat, un monstre, un corrupteur,
Tient le haut bout de la Philosophie,
Quand on m'y siffle en misérable acteur.
Un gentillâtre, ayant nom de Voltaire,
Gorgé de biens, grand seigneur écrivain,
Depuis deux jours *gentilhomme ordinaire,*
Contre le Ciel a remué la Terre ;
Il la commande : et moi, pauvre et vilain,
J'y trouve à peine un asile et du pain.
Il se complaît à tourmenter ma vie ;
Son noir génie a détrôné le mien.
De plus, il a corrompu ma patrie,
L'heureuse ville où j'étais citoyen.
Il se nourrit d'erreurs et d'imposture ;
Et cependant, épris de vos appas,
Il veut, dit-on, se jeter dans vos bras,
Et profaner votre demeure obscure....
Mais vous saurez chasser de vos états

Ce Philosophe abominable , impie....
— Ah ! double cuistre, ah ! laquais amoureux,
Faquin naïf, avec force s'écrie,
En se montrant, Voltaire furieux,
Ton humble orgueil, ta candeur insolente,
Auront leur prix dans un pamflet nouveau;
J'achèverai l'histoire édifiante
Du doux ami des *filles de bourreau* (1)....

Cette sortie est un coup de tonnerre :
Le genevois en demeure hébété.
D'un ennemi toujours si redouté,
Il ne saurait soutenir la colère :
Du vaste puits il se sauve effrayé,
Et, par un trou que lui seul a frayé,
Comme un éclair il revient sur la terre.

La Vérité dès-lors à mon héros
Tient ce discours d'une franchise honnête :
Quoi, ce sont là , Messieurs, les doux propos
Dont vous venez me rompre ici la tête !
Quoi, se peut-il que de brillans docteurs,
Dont les mortels admirent les beaux livres,
Osent parfois égaler en fureurs
Des caporaux et des crocheteurs ivres ?

---

(1) *Voyez l'Emile.*

G

Ah! je connais enfin les bonnes mœurs
De ces faiseurs de belles écritures,
Qui, nourrissant le vice dans leurs cœurs,
De cent *vertus* remplissent leurs brochures;
Qui, de Sagesse éternels discoureurs,
Cachent ainsi leur folie aux lecteurs.
De vos amis une triste cohorte,
La plume en main, se morfond à ma porte,
Tous m'adressant d'assez plats madrigaux :
Apprenez donc un secret qu'il m'importe
De divulguer, enfin, pour mon repos.
La *Vérité*, c'est le nom que je porte,
Et qu'on me donne au fond de mes cachots :
Mais, dans la nuit où je suis enfoncée,
De ce beau nom j'ai lieu d'être blessée;
Car j'ai les traits et le sort de l'erreur.
Je suis bâtarde, il faut que je l'avoue,
Et reléguée en ce séjour d'horreur
Pour éclairer, sur un globe de boue,
Le genre humain, qui, d'orgueil entêté,
Veut qu'on l'éclaire, et chante ma *clarté*,
Quand, de mon puits, hélas! je lui confie
Quelques secrets pleins de niaiserie,
De petitesse et de simplicité.
Veuillez, mon cher, annoncer à la terre
Que l'ignorance est à jamais son lot;
Que tout sur elle est vanité, chimère,

Illusion; et que l'homme est un sot,
Lorsqu'il aspire à sortir de sa sphère.
Il est ailleurs une autre Vérité....
J'ai, dans le ciel, une sœur légitime,
Assise aux pieds de la Divinité,
Et méritant seule ce rang sublime :
A cette sœur, plus heureuse que moi,
Portez vos vœux, réservez votre foi.
Ne comptez plus sur mes faibles lumières,
Sur mes lueurs faibles et passagères.
Que puis-je voir, et que puis-je *éclaircir*,
Dans mon obscur et ténébreux asile ?
Quelles clartés, quels jours peuvent sortir
D'une tanière et du sein de l'argile ?...
C'en est assez... La déesse, à ces mots,
Fuit et se cache aux regards du héros.
Vers les mortels soudain on le remonte....
A son armée il se vante, sans honte,
Par un mensonge utile à ses desseins,
D'avoir, au fond des plus noirs souterrains,
Vu des beautés la plus resplendissante ;
D'avoir appris, de sa bouche savante,
De grands secrets pour triompher des Cieux ;
Se vante, enfin, d'être l'amant heureux
D'une divine et merveilleuse amante.

Tels quelquefois de jeunes éventés,

Dans leurs amours , éconduits , rebutés ,
N'en ont pas moins de leurs *tendres Glycères* ;
A les en croire , obtenu les bontés ,
Et les faveurs qu'on nomme *les dernières*.

Fin du septième Chant.

CHANT VIII.

ARGUMENT.

Débats entre les Philosophes. — Leur plan de campagne ; leurs préparatifs d'attaque. — Dieu veut foudroyer leurs livres ; leurs livres glacent le tonnerre. — Il veut foudroyer leurs maisons ; elles sont armées de paratonnerres. — Il reconnaît que la Philosophie est une puissance du premier ordre, et il demande la paix aux Philosophes.

LA plume en main, plus de deux cents docteurs,
Pleins d'une ardeur toujours philosophique,
Sapant la foi, source de tant d'erreurs,
Faisaient marcher l'œuvre encyclopédique.
Leur Général, habile et vigilant,
De leurs écrits a passé la revue.
Il savait trop que le monde savant
N'est pas toujours exempt d'une bévue ;
Qu'un Philosophe est sujet à faillir ;
Qu'une sottise au plus vaste génie
Peut échapper, dans la Philosophie ;
Et qu'il fallait surveiller, contenir

Tant d'écrivains à cervelle enflammée,
Dont il avait composé son armée.

    Messieurs, dit-il, les résultats nombreux
De vos travaux ont passé sous mes yeux,
Et vous touchez au moment favorable
De terminer un livre formidable,
De la Raison monument glorieux.
Je suis content de vos grandes pensées,
De votre style agréable, élégant.
En peu de temps, vos feuilles dispersées
Vont composer un faisceau triomphant.
En attendant, je lance sur la terre
Ma poésie et ma prose légère,
Dont les gaîtés divertissent un peu
L'Europe entière, aux dépens du bon Dieu.....

    Un Philosophe alors, dans la séance,
Se lève, et dit d'un ton plein d'assurance :
Mon Général, je dois vous dévoiler
Certain secret inutile à celer.
Je me décide à rompre le silence.
Vous nous parlez de guerre, de combats ;
Nous fatiguons nos plumes, nos génies ;
Nous nous donnons des peines infinies :
J'apprends enfin que Dieu n'existe pas.
J'en suis garant, j'en ai la preuve claire :

S'il est un Dieu qu'il faut que l'on révère,
C'est le grand Tout, c'est la Nature entière....

UN AUTRE PHILOSOPHE.

Jusqu'à ce jour, Messieurs, j'ai consenti
A croire en Dieu ; mais je prends le parti
De n'y plus croire, ainsi que mon confrère.
Cette croyance outrage la Raison ;
Elle avilit la dignité de l'homme :
Je la renie, et ne veux croire, en somme,
Qu'à ce grand Tout qu'on pose en question.

UN AUTRE.

A cet avis souffrez que je résiste.
Je vous soutiens que l'Éternel existe :
Mais il est vrai qu'il est indifférent (1) ;
Que l'Univers sur lequel il domine
N'a pas besoin de son gouvernement ;
Que le grand Tout, que la grande Machine
Roule sans lui, fidelle au mouvement.
Or, pour ce Dieu je vous demande grâce.
Que voulez-vous à cet Être innocent,
Grand solitaire établi dans l'espace,
Et ne songeant non plus à notre race
Qu'au moucheron, qu'à l'animal rampant
Qu'un jour voit naître et rentrer au néant ?

―――――

(1) Système d'Epicure.

Nous n'avons donc, s'il faut que je le dise,
Pour ennemis à combattre aujourd'hui
Que les rois seuls, les prêtres et l'église ;
Et, quant à Dieu, je vous réponds de lui.

UN AUTRE.

La caution est fort bonne, mes frères ;
J'en suis content : mais je dois objecter
Que l'Éternel ne saurait exister
Sans se mêler un peu de nos affaires.

UN AUTRE.

C'est trop long-temps à Dieu nous arrêter.
De l'Univers nous nous rendrons les maîtres
Par un moyen, je crois, des plus nouveaux :
Il faut, Messieurs, au moyen des boyaux
Du dernier prince, étrangler tous les prêtres (1)...

A ce propos, soudain toutes les voix
Se font entendre et parlent à la fois ;
L'orage gronde, et la docte assemblée
Semble une mer que les vents ont troublée.
Dans le tumulte, on ne distingue plus
Que de grands cris, des argumens confus,
Les mots d'*Erreur*, de *Vérité*, d'*Essence*,
De *Préjugés*, de *Fins*, d'*Intelligence* ;

____

(1) Diderot.

On voit lever des bâtons concluans,
Pour renforcer de faibles argumens ;
Un coup de poing éclaircit le mystère
De la pensée unie à la matière ;
Par un soufflet, *tout exprès* alongé,
Un Sage prouve à son Sage adversaire,
Encore imbu de certain préjugé,
Que, dans le ciel, ainsi que sur la terre,
Tout du *Hasard* est l'œuvre nécessaire.....

Alors Voltaire interrompant le fil
De leurs discours : Canaille, leur dit-il,
C'en est assez ; il est temps de vous taire.
Si dans les cieux Dieu n'eût pas existé,
Pour l'attaquer, *je l'aurais inventé.*
Mais il existe, et de son existence
Je puis bientôt vous donner l'assurance.
Poursuivez donc vos travaux avancés ;
A votre chef, gredins, obéissez.
Je chasserai de nos rangs les rebelles
Dont j'entendrai les clameurs criminelles ;
Je puis, d'un trait, je puis, en quatre mots,
Vous réunir à la foule des sots
Que j'ai couverts-de taches éternelles.

Cette menace étonne les mutins ;
Chacun se tait, leur troupe est atterrée :

Ainsi Neptune, avec deux mots latins (1),
Calmait les flots soulevés par Borée.

Mais cependant le papier griffonné
Par-tout s'emplit de phrases menaçantes.
On le confie aux presses gémissantes,
Et le grand livre est enfin terminé :
Sublime effort du savoir, des lumières
De ce concours de docteurs et de frères !
Le Général, de l'attaque pressé,
Sur les hauteurs de Montmartre a tracé
Un large camp, où l'Encyclopédie
Forme une épaisse et forte artillerie.
Pour la défendre et pour la renforcer,
Il fait bientôt autour d'elle entasser
Tous les écrits, tous les livres impies
Qu'ont enfantés les plus vastes génies,
Français, anglais, germains, italiens,
Contre l'église et le Dieu des chrétiens.
Il fait sortir de leurs niches obscures
Et des greniers un monceau de brochures :
On voit briller au rang de ces bouquins,
Pour un moment libres de leur poussière,
Hobbes, Toland, Bolyngbrocke, Collins,
Saint-Evremont, Théophile, Saint-Pierre,

---

(1) Le *Quos ego....* de l'Enéide.

Swift, Barbeyrac, la Mothe-le-Vayer,
Et Rabelais, et le curé Meslier,
Et Vanini ; tous les livres encore
Dont chaque page insulte fièrement
Aux préjugés que le vulgaire adore.
Chaque soldat y joint le contingent,
Bien relié, de ses premiers ouvrages :
Helvétius, un merveilleux écrit,
Doré sur tranche, et fort de cinq cents pages,
Long logogriphe au sujet de l'*Esprit* ;
Puis *Le Bonheur*, redoutable poëme,
Qu'on ne lit point sans être malheureux,
En plusieurs chants d'une longueur extrême,
Faits pour glacer d'ennui l'Être-Suprême,
Si, de son trône, il y jetait les yeux.
Raynal apporte un terrible exemplaire
De son Histoire en style incendiaire;
Et Diderot, ses discours, à grands frais
Rendus obscurs, sur la métaphysique,
Sur la *Nature*, et sur la politique,
Le tout orné de *Bijous Indiscrets* (1).
Certain bourreau, docteur en médecine,
Est escorté de son *Homme Machine* (2),
De maints discours d'un genre peu commun ;

____

(1) Titre d'un roman de Diderot.

(2) La Mettrie.

Où la matière et l'ame ne font qu'un.

Tout le génie et l'esprit qu'on entasse,
Déjà compose une imposante masse ;
Elle s'élève en forme de degrés.
Telle qu'un astre, elle éclaire la terre.
De toutes parts, les mortels *éclairés*
Viennent se joindre à ce camp littéraire:
Il se grossit de nobles, de bourgeois,
De magistrats, de ministres des rois ;
Tout écolier dont la plume enhardie
A pu tracer les mots de *Liberté*,
D'*Indépendance* et de *Philosophie*,
Veut, dans l'ardeur de son naissant génie ;
Porter son coup à la Divinité...
Sur les dangers dont elle est menacée,
Trop tard, sans doute, elle ouvre enfin les yeux:
Elle s'étonne, et, changeant de pensée,
Veut foudroyer l'amas audacieux
De tant d'écrits braqués contre les cieux.
Mais, ô miracle ! ô vertu singulière
De la *Raison*, du savoir, imprimés !
Ils ont l'effet de glacer le tonnerre,
De refroidir ses carreaux enflammés.
Le feu du ciel s'éteint et se dissipe;
Il vient mourir sur les doctes chiffons,
Sur les discours, les dissertations,

Sur le papier imbu du *Grand Principe.*
Quelques carreaux sont encore lancés
Sur les hauts toits qui dérobent nos Sages,
Toujours prudens, aux frimas, aux orages :
Mais de longs dards leurs toits sont hérissés ;
La foudre cède à ces pointes guerrières,
Et va frapper de coups involontaires
Quelques chrétiens et leurs toits malheureux,
Offerts sans arme aux outrages des cieux.
Ou reconnaît, à ces lances nouvelles,
L'art électrique où triomphe Franklin,
De la Nature illustre *Benjamin.*
Ce grand génie, aux vives étincelles,
Du Nouveau-Monde astre resplendissant,
Nous éclaira d'abord de ses chandelles,
Dont, jeune encore, on le vit fabricant ;
Puis, confiant ses pensers à la presse,
Poète, prote, imprimeur, imprimé,
Il éclaira de sa haute sagesse
Boston, Paris, et l'Univers charmé.
Ce Philosophe, orgueil de sa patrie,
Dans sa physique et sa prose hardie,
Semble arracher, au déclin de ses ans,
La foudre au Ciel, et le sceptre aux tyrans (1).

____

(1) *Eripuit Cœlo fulmen, sceptrumque tyrannis.*
                              Vers attribué à Turgot.

Dieu n'ose rien opposer à des lances
Dont la hauteur atteint le firmament.
Il reconnaît, avec étonnement,
Que des savans sont aussi des puissances;
Que leurs écrits sont des intelligences
D'un rang sublime et d'un ordre éminent :
Il reconnaît que, de ses hauts domaines,
Il a toujours jugé trop lestement
De la science et des forces humaines,
Dont la nature est de *croître en marchant.*
De leurs progrès il redoute les suites,
Et les effets d'un savoir sans limites.
Alors, voulant s'assurer désormais
Quelque repos au-dessus de la terre,
A ces Messieurs il demande la paix,
Par ce discours honnête et débonnaire;
Lequel discours, de la lune lancé,
Tombe, en suivant la perpendiculaire,
Aux pieds du trône où Voltaire est placé .:
Ainsi naguère on a vu les planètes
Nous adresser des *substances concrètes ,*
Certains cailloux... (que je ne sais nommer),
Pour nous instruire.... ou pour nous assommer.

Salut et gloire à l'humaine Sagesse,
Dit l'Eternel. Il faut que je confesse
Qu'aux premiers jours de la création,

En composant d'un assez vil limon
Un animal à mon plan nécessaire,
J'ai fait bien plus que je ne comptais faire.
Je n'ai pas cru qu'un chétif embryon,
Fait, à la hâte et sans prétention,
Pour végéter, ramper quelques minutes,
Mangeant du gland, bâtissant des cahutes,
Arriverait à la perfection;
Qu'étant parfait, il me ferait la guerre;
Qu'un jour j'aurais, armé de mon tonnerre,
A redouter sa plume et son papier;
Qu'une inconnue et nouvelle lumière
Pût s'échapper, aussi nette, aussi claire,
De sa cervelle et de son encrier.
Certes, Messieurs, votre Philosophie
Me déconcerte et confond mon génie.
Tant d'esprits forts me causent quelque effroi;
Je n'avais pas soupçonné tant de *force*
Sous cette mince et périssable écorce,
Sous cette chair que vous tenez de moi.
Jusqu'à ce jour, dans ma toute-puissance,
Donnant des lois à ce vaste Univers,
J'ai gouverné, protégé votre engeance
Faible et livrée à des instincts pervers:
Puisqu'il le faut, j'abdique mon empire,
Et le remets en vos savantes mains;
En écrivant, elles peuvent conduire

Au vrai bonheur vos frères les humains.
Régnez sur eux , de l'un à l'autre pôle,
Par la beauté de vos conceptions :
Des *vérités* et des abstractions ,
Des avocats et des maîtres d'école,
Peuvent servir de dieux aux nations.
Le sol terrestre et son double hémisphère
Sont votre bien ; vos titres sont sacrés :
Je l'abandonne à votre ministère ;
Il est à vous, puisque vous l'éclairez (1).
Mais laissez-moi cet asile céleste
Dont je jouis de toute éternité :
Je veux du moins, avec sécurité ,
Y conserver le pouvoir qui me reste.
De vous, Messieurs, le ciel trop éloigné
N'est pas, sans doute, à votre convenance ;
Et vous l'avez quelquefois dédaigné
Dans les élans de votre intelligence.
Il vous suffit de la terre et des mers
Pour exercer vos talens pleins d'audace :
Vos petits corps, hélas ! promis aux vers ,
Y trouveront quelque jour trop de place.

---

(1) Imitation d'un vers de l'Epître à M.lle Gaussin:

. . . . . .   Zaïre est ton ouvrage ;
Elle est à toi, puisque tu l'embellis.

Que si pourtant, levant encor les yeux
Au firmament, tant de corps lumineux
Dont j'ai semé des plaines infinies,
Ne roulent point au gré de vos génies ,
Dans vos calculs disposez toujours d'eux.
L'astre du jour, à vos plumes docile ,
Peut voyager ou rester immobile ;
De vos bureaux, vous pouvez, à loisir,
Inquiéter, troubler, dans leurs orbites ,
Jupiter , Mars, avec leurs satellites ;
Les éclipser , si c'est votre plaisir :
Je recevrai, du haut de mon empire ,
Vos beaux avis , me bornant à les lire
Pour me distraire , et laissant de côté ,
Pour mon repos , vos plans astronomiques ;
Fidelle encore aux systèmes antiques
Que j'ai suivis de toute éternité.

Nous avons vu quelquefois une armée ,
Couverte encor de poudre et de fumée ,
Victorieuse, exprimer à grands cris
Son alégresse, au milieu des débris
Dont est jonchée une arène sanglante :
Chaque soldat, d'une voix triomphante,
Dit ses exploits du succès couronnés ;
De mille horreurs gaîment il nous effraie ;
A droite , à gauche , il découvre une plaie;

H

Redit les coups rudement assenés
Qu'il a reçus, et ceux qu'il a donnés...
Tels nos héros, de leurs exploits rapides
Emerveillés, se pavanent entre eux;
Hors du danger, ils font les intrépides,
Les badins même, à la honte des cieux :
Chacun récite et vante les outrages
Faits par sa plume à la Divinité;
Chacun désigne à la postérité
Ses vers, sa prose, et ses nombreuses pages;
Heureux efforts de son impiété;
Et tous enfin, regagnant leurs ménages;
Pleins d'un orgueil assez justifié,
Vont, réunis à leurs nobles servantes,
Saisir l'empire et les rênes flottantes
De l'Univers à leurs soins confié.

Fin du huitième et dernier Chant.

EPILOGUE.

ARGUMENT.

Triomphe de Voltaire au Théâtre-Français. —
Sa mort.

Jour de triomphe et de prospérité ;
Noble Raison, saine Philosophie,
Par qui la terre est enfin affranchie
Du joug pesant de la Divinité ;
Braves docteurs, race philosophique,
Le genre humain par ma bouche s'explique ;
Il vous salue, il vous loue, il est plein
D'amour, d'estime et de reconnaissance ;
Il met en vous sa plus chère espérance,
Réfugié dans votre chaste sein.
Vainqueurs du Ciel, animaux pleins de gloire,
Hommes sans Dieu, votre heureuse victoire
Met dans vos mains et vous livre à jamais
Les nations aux *Principes* fidelles.
Que de bonheur, que d'immenses bienfaits,
Vous vous plairez à répandre sur elles !
Libre du Ciel par vos coups ébranlé,
Qu'il sera beau l'homme démuselé,
N'obéissant qu'à vos lois *naturelles !*

Mais c'est sur toi, Voltaire, ô mon héros !
Que des mortels vont fondre les hommages :
Par des honneurs inconnus et nouveaux,
L'illustre Chef de tant d'illustres Sages
Va recevoir le prix de ses travaux,
De sa conquête ; et la Philosophie
Avec éclat va triompher en lui.

Muse, dis-moi, terminant aujourd'hui
La noble route ouverte à ton génie,
Dis-moi ce jour, célèbre désormais,
Où tout Paris, dans son ivresse extrême,
De mon héros fait un Être-Suprême
Sur les treteaux du Théâtre-Français ;
Lieu déjà plein des triomphes sublimes
De maints héros, exhumés un moment
Pour nous montrer leurs vertus et leurs crimes
A tant par jour ou par abonnement ;
Treteaux fameux, environnés de gloire,
Où de hauts faits et de beaux sentimens,
Imaginés pour nos délassemens,
Sont étalés sortant d'un répertoire ;
Où, pêle-mêle, Orosmane, Frontin,
Agamemnon, Figaro, Théramène,
Damis, César, Brutus, George Dandin ;
Phèdre, Marton, Pétronille, Chimène,
Crispin, Titus, et mille autres enfin,

Ont figuré doctement mis en scène.

Là, vers le soir, avec pompe conduit,

Voltaire arrive : une foule le suit

Avec orgueil attelée à son coche ;

Des magistrats , des clercs de la basoche,

Des médecins, un peuple d'avocats,

Des colonels, des commis, des goujats,

Sur le pavé s'agitant dans la boue ,

Tirent ensemble et poussent à la roue.

Le nouveau dieu , de mains en mains porté ,

Non sans danger , entre chez Melpomène ,

Où l'attendaient tout un peuple exalté ,

La cour, la ville , et *la Princesse Irène* (1).

A son aspect, mille éclatantes voix

D'enchantement , d'amour et d'alégresse ,

Se font entendre ; on l'entoure , on le presse ,

On le couronne , on l'étouffe à la fois.

Le malheureux, succombant sous le poids,

Un peu confus du prix de sa victoire,

Demande grâce aux lauriers , à la gloire ,

Aux petits vers , aux airs , aux violons ,

Au bruit affreux des admirations....

Hélas ! Messieurs , qui ne serait pas ivre

De tant d'honneurs dont on me fait jouir ,

---

(1) Titre d'une tragédie de Voltaire, joué
le jour de ce fameux triomphe.

Dit-il ? je sens que je n'y puis survivre :
Ils sont bien doux ! mais ils me font mourir.
Du moins, au bout de ma longue carrière,
J'ai le bonheur, en mourant, de songer
Que pour jamais j'ai su vous dégager
Des préjugés qui pesaient sur la terre ;
Que je vous laisse affranchis de la foi
Dont s'honoraient vos barbares ancêtres ;
Que vous n'aurez désormais pour tous maîtres
Que la Raison, que je laisse après moi.
Portez son nom dans vos chants jusqu'aux nues;
Promenez-la quelquefois dans les rues
Avec respect et vénération.
En chair, en os, *la Fille des Lumières*,
Il est bien vrai, n'existe pas, mes frères :
Mais vous prendrez la première guenon
Pour figurer à ces nouveaux mystères.
Les nations, les peuples, détrompés
Sur tant d'erreurs dont ils ont été dupes,
Rendront sans doute, en tumulte attroupés,
Un pur hommage à la Raison en jupes.
Je recommande aussi la *Vérité*
A votre amour : autre amante des Sages,
Elle a daigné recevoir mes hommages,
Et j'ai voué ma vie à ses beaux yeux.
De ces deux sœurs adorez les oracles
Et les décrets en style harmonieux.

Convertissez en salles de spectacles
Tous les lieux saints bâtis par vos aïeux :
Là, chaque soir, des acteurs, des actrices,
De nos leçons heureux déclamateurs,
A la vertu dressés dans les coulisses,
Du genre humain seront les précepteurs.
Le genre humain, nourri de tragédies,
De traits brillans, de maximes hardies,
Pourra trouver, oubliant ses malheurs,
Un doux refuge et des consolateurs
En Gengis-Kan, Mahomet et Séide,
En Idamé, Zaïre, Aménaïde,
Tous débitant de grandes vérités,
Toujours soumis au principe rigide
De l'harmonie et des trois unités. . . .
Hélas ! je touche à cette cruelle heure
Qui détruit l'homme et le réduit à rien :
Il est affreux qu'un Philosophe meure,
Et qu'il pourrisse à côté d'un chrétien ;
Que le destin nous ait fait cet outrage
D'abandonner les beaux-esprits aux vers,
Comme les sots dont rougit l'Univers.
J'aurais voulu jouir de mon ouvrage,
Le couronner par de nouveaux exploits.....

Ces derniers mots de sa mourante voix
N'atteignent plus un bruyant auditoire ;

Elle s'éteint. D'un théâtre de gloire
On le transporte, hélas! au lit de mort,
Où tout Paris, affligé de son sort,
Court admirer la fin de l'esprit fort.....
Rien ne la trouble et ne la déshonore.
Sur son chevet, vainement assiégé,
Il se débat en héros enragé :
Il meurt enfin, mais triomphant encore.

F I N.

EPITAPHE DE VOLTAIRE,

Faite par une Dame de Lausanne.

Ci-gît l'Enfant gâté du monde qu'il gâta.

PIÈCES FUGITIVES

EN VERS.

PIÈCES FUGITIVES

EN VERS.

———

LE CONCERT D'AMATEURS,

Epître à M.^r M**

ME voilà plus tranquille, et je puis respirer
Un moment avec toi, quitte de *l'harmonie*
Qui vient de me poursuivre et de me déchirer !
Tu vois une victime à peine encor guérie
Du mal que les hautbois, les cors, les violons,
Les malheureux gosiers, les perfides chansons,
Ont fait à mon oreille indignement trahie.

Libre dans la retraite où je cache mes jours,
Et fidelle à mon champ, mes plus chères amours,
D'un calme fortuné je goûtais les délices,
Et le dieu du Silence avait mes sacrifices,
Loin du bruit des beaux-arts, qu'il faut rejoindre, hélas!
Dans les grandes cités, quand viennent les frimas.
Seulement quelquefois de légères volées

D'artistes emplumés, perchés sur mes allées,
A leurs gazouillemens intéressaient mon cœur;
Quand un voisin, je crois, jaloux de mon bonheur,
Arrive, et, m'entraînant dans sa ville voisine,
D'un *Concert d'Amateurs* poliment m'assassine.
Je suis trop inhabile à prévoir les malheurs,
Et ne soupçonnais point toute la perfidie
De quinze ou vingt bourreaux se disant *amateurs*,
Et dont l'air prévenant, la mine réjouie,
Etaient loin d'annoncer les prochaines fureurs.

Une chambre à plafond, propre à la mélodie,
De deux lits tout exprès récemment dégarnie,
Etait la simple arène où s'étaient rassemblés
Les honnêtes bourgeois au concert appelés,
Comme moi, citoyens innocens et paisibles,
Heureux d'être pourvus d'oreilles moins sensibles!
Tout s'apprête bientôt pour l'*exécution*.
Des soliveaux branlans et des planches hachées
Composent l'échafaud de la partition.
Dans leurs sales binets négligemment penchées,
Des chandelles formant l'illumination,
De leur suif infidelle inondent le salon...
Mais que de soins encor avant que l'on débute!
L'un graisse son archet, l'autre humecte sa flûte;
Un autre, en grimaçant, enfonce avec effort
Sa cheville rebelle à maintenir l'accord;

Un autre, dans un coin, d'une main empressée,
Rajuste sa *seconde* à sa barbe cassée,
Et se plaint, en jurant, de son *mi* furieux,
Lequel vient, par surcroît, de lui sauter aux yeux....

Jusque-là je respire, et je ne puis encore
Que rire des apprêts de la guerre sonore.
Un homme, gravement, et de l'air d'un docteur,
Fait passer dans les rangs son *la* régulateur :
A sa démarche fière, à sa mine importante,
On reconnaît bientôt le chef dont la valeur
Doit conduire au combat la bande concertante.
On s'accorde, ou plutôt on ne s'accorde pas,
Et le chef, trop pressé pour être trop sévère,
Du ton de ses sujets ne s'inquiète guère,
Et les laisse, à leur choix, ou plus haut ou plus bas.
C'est ici que commence un étrange vacarme,
Semblable à ces clameurs qui répandent l'alarme :
Cruellement d'accord, les cruels instrumens
Préludent à la fois sur vingt tons différens.
Tandis que chacun *souffle* ou *racle* la discorde,
Le maître du logis, tout radieux, m'aborde :
Voyez-vous, me dit-il, ce petit effronté
Préludant au pupitre avec tant de courage ?
C'est mon *fils le cadet.* Croirait-on qu'à cet âge,
C'est un lutin déjà pour la difficulté ?.
Il se moque de tout ; le plus rude passage,

Les plus hauts démanchés, sont des jeux pour ses doigts;
On dirait qu'il badine avec la triple croche ;
Rien ne peut l'arrêter... On lui fait le reproche
De se laisser trop loin emporter quelquefois ,
D'être trop fort peut-être en de certains endroits....
Il va de Viotti nous donner quelque chose....
Vous serez satisfait de notre virtuose....
Il est vrai que, ma foi, le grec et le latin ,
L'histoire, le calcul , sont restés en chemin....
Je l'envoie à Paris , c'est là sa destinée :
Je veux qu'avant deux ans, il monte sur le corps
Des Rode, des Baillot , des maîtres les plus forts....
Mais vous en jugerez.... Voici ma fille aînée :
Elle commence à peine à toucher le *forté* ;
Elle est dans l'âge ingrat.... Mais la petite *ingrate* ,
Comme un démon , déjà vous touche une sonate....
De la pousser fort loin son maître s'est flatté....
Sa mère va chanter cet air de la *fauvette* ,
De *la Belle et la Bête*... Ah ! Monsieur , je regrette
Que vous ne l'ayez pas entendue autrefois !
Vous entendrez du moins un beau reste de voix....
Notre ville présente, on ne saurait le taire,
Une réunion qui n'est pas ordinaire :
On y compte, le fait peut vous être attesté,
Vingt violons au moins de la seconde classe,
Huit basses , dix altos , et trente-six *forté*....
Je ne vous parle pas de douze cors-de-chasse ,

D'une grosse timbale et d'une contre-basse....

J'étais, à ce discours, immobile et glacé,
Sentant bien, dans le bruit dont j'étais menacé ;
Toute l'énormité de ma mésaventure.
Lors du *Jeune Henri* commence l'ouverture ;
Célèbre avec raison chez nos musiciens ;
Tant l'art y contrefait fidellement les chiens !
Mais ici son auteur a fait des notes vaines :
Ce sont des chiens encor, mais changés en mâtins
Acharnés, pleins de rage, aux oreilles humaines.

L'ouverture finit, et les chiens ont cessé :
Tous les chats m'attendaient, plus perfides peut-être
Dans certain concerto, par notre hôte annoncé,
Un petit garnement, escorté de son maître,
Arrive, en brandissant un bâton déloyal,
Garni de tout le crin d'un malheureux cheval.
Hélas ! le *fils cadet*, sous cette arme cruelle,
Se met à désoler sa pauvre chanterelle,
Et, près du chevalet établissant ses doigts,
Par des notes sans nombre exerce sa furie.
Néanmoins la famille, enchantée, ébahie,
Des deux petites mains admire les exploits :
Un bon vieillard s'étonne, attentif au tapage,
Qu'on puisse jusqu'au *sol* démancher à cet âge,
Et dit que, de son temps, l'artiste le plus fort,

Démanchant jusqu'à l'*ut*, faisait un rare effort.
Cependant le marmot, au tiers de sa carrière,
Se trouble, en écoutant, plein de joie et d'orgueil,
Sa gloire qui remplit la chambre toute entière.
Un passage l'arrête ; il y trouve un écueil :
Le malheureux *cadet*, que la note surmonte,
Reste court, rougissant d'embarras et de honte.
—Il semble que ce soit une fatalité !
Ou plutôt c'est l'effet de la timidité,
Dit son père ; vingt fois il a fait ce passage.
Recommencez, Messieurs. Allons, mon fils, courage !
    Le coquin recommence, et, toujours déchiré,
J'avale *Viotti* deux fois défiguré.

    Vient un autre amateur : c'était la *fille aînée*,
Laideron de quinze ans, de roses couronnée,
Qui, sur un coffre antique, et marqué de *London*,
Nous touche de *Babet* l'ouverture *arrangée*,
Laquelle, sous ses doigts, en carrillon changée,
Accuse le *forté* bien moins que le chaudron.
Tu peux voir dans tes champs, comme en ceux que
        j'habite,
Les manans d'une ferme, industrieux, actifs,
Cherchant à recueillir des essaims fugitifs :
L'un s'empare d'un plat, l'autre d'une marmite,
Un autre de sa poêle ou de sa léchefrite,
Grotesques instrumens, à Comus précieux,

Par cent coups de marteau rendus harmonieux ;
L'abeille s'en étonne, et, sous un nouveau chaume,
Asile tout voisin du chaume de ses sœurs,
Voisin de la prairie où vont naître des fleurs,
Etourdie, ou charmée, elle fonde un royaume.
A ce concert baroque, au profit d'un essaim,
Reconnais de *Babet* le fâcheux clavecin.

J'ouvrais furtivement une bouche indiscrète,
Et ne guérissais point d'un large bâillement,
Preuve d'un long ennui comprimé vainement,
Quand je vois au pupitre arriver la *fauvette*,
Maîtresse du logis, oiseau de cinquante ans,
Promise avec emphase à tous les assistans,
Laquelle d'un antique et pénible ramage
Vient, après *ses petits*, assourdir le bocage ;
Bocage détestable, où la civilité
M'oblige à dévorer la chanson ampoulée,
Les hauts cris cadencés, la manière perlée
D'une voix qui chevrote avec solennité !
De la belle pourtant l'assemblée est *charmée* ;
Et chacun s'évertue à la complimenter.
Ah ! dit-elle, Messieurs, *le moyen de chanter ,
En l'état où je suis !* . . . La fauvette, *enrhumée ,
Pouvait parler à peine ,* et, nous parlant toujours ;
D'une petite toux appuyait son discours :
Car c'est un bel usage, une heureuse coutume,

Qu'un *amateur* chantant ait toujours un bon rhume ;
Petit mal *obligé*, qui se charge à propos
Des défauts de la voix et de tous les tons faux.

Un homme bien pesant, et d'une taille immense,
Se présente, apportant sa petite romance.
J'en attendais la voix d'un bœuf ou d'un taureau :
Mais une voix d'enfant, aussi claire qu'aiguë,
S'échappe du colosse offert à notre vue,
Disant *le Point du Jour*, petit air tout nouveau.
Je vois, à ces accens, quelques dames sourire,
Et leurs regards baissés suffisent pour me dire
Que cet énorme coq, chantant *le Point du jour*,
N'était pas le héros des poules d'alentour,
Et que, sur certain *point* d'assez grande importance,
Il donnait des soupçons.... assez rares en France,
Où l'usage n'est pas, comme en certain séjour,
De faire un *amateur* aux dépens de l'amour.
L'infortuné, d'un ton qu'il radoucit encore,
Enjolivant son *aube*, et brodant son *aurore*,
Après quelques couplets, qui le mettent en eau,
Achève, en haletant, son malheureux morceau.

Arrive enfin le chœur, bouquet de l'artifice.
Les voix, les instrumens, dont un long exercice
A redoublé, je crois, l'insigne fausseté,
Entonnent, quand chacun s'agite, bâille et grille :

Où peut-on être mieux qu'au sein de sa famille ?
Dérision cruelle à la société !
Pour moi, seul étranger, en cette conjoncture,
J'admire dans ce vers l'instinct de la nature !
Je prends le chœur au mot, et regagne les lieux
Où je puis, en effet, me flatter d'être *mieux* ;
Rendant grâces au Ciel, revoyant mes pénates,
De respirer enfin un air silencieux,
Dégagé d'instrumens et purgé de sonates !

Je dois, en bon chrétien, pardonner, aujourd'hui,
Aux méchans *amateurs* qui m'ont comblé d'ennui ;
Je n'appellerai point des vengeances cruelles
Sur leurs coupables voix et sur leurs chanterelles :
Mais, si quelques destins, jaloux et malveillans,
Exposaient de nouveau mon oreille à leurs chants,
Je jure de ne point attendre que les traîtres
Consomment, devant moi, leurs forfaits concertans,
Dussé-je, pour m'enfuir, sauter par les fenêtres !

FEUILLETON EN VERS
SUR LE CONCERT
DU SALON D'APOLLON.

Un violon, d'une école nouvelle,
Dans la carrière a débuté :
Jamais on n'avait vu tant d'intrépidité
Sur le bourdon et sur la chanterelle ;
Jamais le crin, sur le boyau,
Dans le cours d'une cavatine,
N'avait fait un effort si beau,
Aidé d'un peu de poix résine.
Il fallait voir un archet vigoureux
Scier des sons mélodieux,
Harceler la corde sonore
Par cent détachés furieux ;
Il fallait voir des doigts plus furieux encore ;
Et dans le délire complet,
Du génie ayant carte blanche,
Se précipiter sur le manche
Pour attaquer le chevalet,

Pour y chercher des sons dont l'aigreur fait merveille,
Et qu'on est forcé d'estimer ;
Tant ils entrent bien dans l'oreille,
Et l'écorchent pour la charmer !
Il est vrai que, dans l'escalade
Et dans la chaleur des assauts ,
Un doigt, troublé par la roulade ,
Jusqu'à trois fois a touché faux ;
Que, sous la main la plus agile ,
Par un mécompte un peu fâcheux ,
Une note a manqué sur mille :
Mais l'auditoire généreux
A jugé la note inutile......
Qui peut se plaindre justement
D'une erreur bientôt réparée ?
Qui peut mépriser un torrent
Dont une goutte est égarée ?
Ainsi, malgré de légers torts
Et quelques fautes de tactique,
Nous plaçons au rang des plus forts
Ce violon, l'honneur de la musique ;
Et, sans nulle difficulté ,
Pour prix de tant de traits , de notes et de peines ;
Nous lui donnons une immortalité
De quinze jours ou trois semaines.

Sur l'arène on a présenté

Une flûte délicieuse,
Flûte non moins ambitieuse
D'aller à la *postérité*.
C'est Pan lui-même qui l'inspire,
S'est-on vîte écrié par-tout ;
Elle surpasse de beaucoup
Toutes les flûtes de l'empire,
Quoique bien jeune encor, et comptant tout au plus
Dix ans de travaux assidus.
Que d'art pour vaincre la nature !
Avec quelle constance il a fallu souffler,
Pour obtenir une douceur si pure !
Qui sait jusqu'où l'on peut aller
Avec une telle embouchure ?....

A la suite s'est avancé
Un petit garçon plein de grâces,
Sur le *forté* suivant les traces
Du maître le plus exercé.
A l'audace de sa manière,
A l'habileté de son jeu,
On ne s'est point aperçu, du parterre,
Qu'il était sevré depuis peu.
Artiste consommé dans l'âge le plus tendre,
Rien en lui n'a trahi l'enfant ;
On s'est imaginé d'entendre
Un vieux routier blanchi sur l'instrument.

Sans mériter les plus faibles reproches ,
Il a joué, bravant les plus fiers croque-*sols* ,
Une sonate en cinq bémols,
Toute noire de triples croches.
A peine ses pieds alongés
Pouvaient atteindre à la pédale :
Mais ses pieds et ses mains, dans la lutte engagés,
Ont consommé la sonate infernale,
Et les traits les plus enragés ,
Sans se tromper d'un intervalle.
Enfin , vainqueur de son *morceau* ,
L'enfant a mérité *la pomme ;*
Et nous en ferons un grand homme
Dans notre prochain numéro.
Aux générations futures
Nous recommanderons notre petit forté......
Mais il a déjà mérité
Du bonbon , l'*immortalité* ,
De la gloire et des confitures.

Qui pourrait louer dignement
Notre richesse instrumentale ?
Tous nos fortés , assurément,
Sont d'une force sans égale.
C'est dommage que ce talent
Se soit glissé jusqu'à la halle ;
C'est dommage que mon boucher

Ait une grosse fille unique
Qui, dans son arrière-boutique,
Enlève qui l'entend toucher.
Peut-être est-il assez étrange
Qu'elle ait les doigts si dégagés,
Qu'elle prélude comme un ange,
Au milieu des veaux égorgés:
On est fâché que l'harmonie
N'ait pas chez elle horreur du sang;
On s'étonne de voir, descendus de leur rang,
Les beaux-arts à la boucherie....

Enfin, mille amateurs, entassés, haletans,
Charmés, ravis sur leurs banquettes,
Ont couvert d'applaudissemens
Tous nos harmonieux athlètes.
Ces applaudissemens, prolongés, inouis,
Tenaient un peu des accès de la rage;
Et jamais un héros, un sage,
Sauvant, illustrant son pays,
N'obtiendrait un pareil hommage.
Ainsi le trait du plus brillant courage,
Sorti d'un cœur amoureux du vrai beau,
Ne vaut pas le trait d'un solo,
La *batterie* ou le passage
Sortis d'un coffre ou d'un tuyau.
L'action, l'œuvre la plus belle,

Trouvent de froids admirateurs;
Mais, pour enlever tous les cœurs,
Il suffit d'une *ritournelle*....
A bas donc les faits merveilleux,
Les nobles dévoûmens, les efforts généreux;
Toutes ces vertus assez sottes,
Source de gloire où puisaient nos aïeux!
Filez des sons, croquez des notes,
Vous serez assez glorieux.

FEUILLETON EN VERS

SUR

LES FEMMES INTRÉPIDES,

Roman nouveau.

. . . .

Assez de Feuilletons, en prose,
De leur critique ont lassé l'univers :
Un journaliste se propose
D'annoncer désormais, en vers,
Les livres, les romans divers,
Dont la littérature aujourd'hui se compose.
Plus d'un écrivain, rebuté
Par des critiques prosaïques,
Devra son immortalité
A des articles poétiques ;
Car ils iront sans doute à la postérité,
Et n'auront pas le sort, hélas ! trop mérité
De tant d'écrits périodiques.

Messieurs, un roman tout nouveau ;

Intitulé : *Les Femmes Intrépides* ,
En ce moment, sur mon bureau
Etale ses feuilles humides.
Je le coupe, je lis.... Une femme est l'auteur
De cette prose romantique.
Vous le savez , ami lecteur ,
Les femmes, en ce genre, ont un talent unique !
Il faut bien , en dépit de nos prétentions,
L'avouer, tous tant que nous sommes :
Dans l'art de manier les grandes passions ,
Elles ont écrasé les hommes.

Aux plus habiles écrivains
Ces dames peuvent *en revendre* :
Tous les héros qui sortent de leurs mains
Ont quelque chose de si tendre !
Dans leur style, quelle douceur ,
Quel mouvement ! que de brûlantes pages !
Comme elles ont l'art séducteur
De trouver le chemin du cœur ,
Loin du chemin de leurs ménages !
Que de figures ! que d'images !...
Ensuite , pour nous faire horreur,
Que de sites noirs et sauvages !
Que de caves, cachots, souterrains toujours frais ,
Où contre de jeunes attraits
La tyrannie à loisir s'évertue !

Comme on s'adore!... Enfin, comme on se tue!...

Vous trouverez, Messieurs, dans l'ouvrage, assez beau,
    Aujourd'hui lancé dans le monde,
  Pour un écu, chez les frères Chaignieau,
La sensibilité, je crois, la plus profonde ;
Et, pour le même prix, un solide château,
    Asile du plus grand bourreau
    Qui soit sur la machine ronde ;
    De plus, une Agnès vagabonde,
En vain livrée aux bandits, aux escrocs ;
    Maniant fusils et flamberges,
Sortant toujours, sans tache et sans accrocs,
Des grands chemins, des bois et des auberges.
    Dans aucun livre, en prose, en vers,
    Vous ne trouverez plus de crimes ;
    Et ces crimes ne sont point chers :
    A trois francs et quelques centimes.

    De plus, pour comble d'agrémens,
    On a fait des tableaux charmans
    Et de la Lune et de l'Aurore ;
    Objets dont les départemens
    N'ont qu'une faible idée encore.
On a pris soin de mettre sous leurs yeux ;
    Pour les charmer, à plus d'un titre,
    Un firmament plus radieux :

Le Soleil se lève, pour eux,
Plus brillant à chaque chapitre.
On a tâché, contrariant le cours
De cet astre, mis à l'épreuve
Des plus harmonieux discours,
De le faire coucher toujours
D'une façon piquante et neuve.

Le campagnard, émerveillé,
Sur le papier de sa brochure,
Très-élégamment barbouillé,
Lequel *manquait à la littérature*,
Trouvera beaucoup de verdure,
Assez de bois et de rians coteaux,
Bien affranchis par le libraire ;
Assez de fleuves, de ruisseaux :
Conséquemment beaucoup d'eau claire.

Mais cette *eau claire*, franchement,
Neuve parfois dans la carrière,
Ne *coule* pas toujours correctement,
Et, s'échappant de ses rivages,
Voulant imiter les torrens,
Fait bien quelques petits ravages
Dans les domaines du bon sens ;
Ses *ondes*, rarement soumises
A Richelet, à Vaugelas,

Chemin faisant, ne se dispensent pas
De *murmurer* quelques sottises....
Il n'importe, Messieurs, le tout est racheté
Par des beautés, à d'assez fortes doses :
On gagne en *sensibilité*
Ce que l'on perd en d'autres choses....
Qui pourrait, sans brutalité,
Refuser au beau sexe un encens mérité,
Quand, pour des travaux littéraires,
Il se dérobe aux soins les plus touchans,
Aux affections les plus chères ;
Quand il oublie époux, enfans,
Pour enfanter des héros de romans,
A l'univers si nécessaires ;
Et quand, du noir qu'il a broyé,
De l'amour qu'il a délayé,
Il effraie, attendrit les imprimeurs-libraires,....
Dont il est assez mal payé,
Attendu que maints exemplaires
De ces *noirceurs*, de ces *amours*,
Au magasin trop sédentaires,
Y bornent leur malheureux cours ?

EPITRE

A MADAME E. DE L**,

Qui demandait à l'Auteur s'il avait été chercher des Pierres ou des Simples sur les montagnes d'Auvergne.

JE n'ai point abordé le faîte
De ces dômes majestueux,
De ces colosses dont la tête
Menace la voûte des cieux ;
Je n'ai point, amant d'une pierre,
Avide d'un caillou nouveau,
Porté sur une roche altière
Mon génie, aidé d'un marteau :
Ami des modestes rivages
Que j'habite au niveau des mers,
Je redoute ces lieux sauvages
D'où l'on plonge sur l'Univers.
Je sais qu'aux cimes de la terre,
On jouit d'un fort beau coup-d'œil ;
Que l'homme y cherche avec orgueil
Le voisinage du tonnerre ;

Que des savans très-curieux
Se font une gloire effrontée
De quelques pas audacieux
Faits, sur les traces d'Amalthée,
Au travers des sentiers scabreux
D'une montagne inhabitée. . . .
Pour moi, je n'ai jamais tenté
La conquête trop difficile
D'un brin d'herbe ou d'un grain d'argile;
Je veux avec sécurité
Marcher sur un chemin facile,
Couvert d'un peu d'obscurité.
L'ignorance peut me suffire;
J'en recueille un précieux fruit :
Sur-tout je ne veux pas instruire
L'Univers déjà trop instruit.
Il se remplit, outre mesure,
De docteurs qu'il faut admirer :
Acharnés à nous éclairer
Sur les secrets de la Nature,
Dont ils ont daigné s'emparer,
Au monde ils pensent faire injure;
Quand ils le laissent respirer
Libre de leur nomenclature;
Et pour nous c'est une douceur,
Lorsque, dans l'éternel labeur
Dont leur science se compose,

Ils veulent bien au *cher lecteur*
Laisser ignorer quelque chose.
Il faut encor s'extasier
Devant les titres de leur gloire;
Voir les feuilles de leur herbier
Ou les rayons de leur armoire,
Qui semblent se pétrifier.
Grâce à leur poursuite importune,
Avec respect il faut toucher
Le fossile de leur rocher,
Ou la *Flore* de leur *commune*.....
Oh, que tant de nouveaux Buffons
Doivent inquiéter la terre
Par le long et sec inventaire
Qu'ils font de ses productions!
Que de chétifs naturalistes
Occupés à dresser des listes,
A classer des brimborions;
A pousser jusqu'au fanatisme
Leur vaine curiosité;
A soumettre, avec gravité,
Tous nos foins à leur hellénisme!

Pardonnez, si je ne sais rien;
Vous que ma paresse inquiète:
Hélas! sans moi, vous saurez bien
Le nom de tout ce qui végète.

K

EPITRE

Assez de vigoureux piétons ;
Descendant poudreux de vos monts,
Chargés de *gypse* et de *potasse*,
De *bélemnites*, de charbons,
Vous donneront avec audace,
Sur ce point, de belles leçons.
Du soin de vous rendre savante
Je dois me reposer sur eux.
Permettez que je me contente
De l'humble secret d'être heureux ;
Que, fidelle aux douces retraites,
Par vous plus chères à mon cœur,
J'admire un être créateur
Dans ses œuvres les plus parfaites,
Sans en sonder la profondeur !
Souffrez qu'empressé voyageur
Aux lieux seulement où vous êtes,
J'y cherche une amie, ... une fleur,
Et non des *substances concrètes*,
Inutiles à mon bonheur !
J'aime fort à dormir tranquille
Sur le destin des minéraux.
Je ne remplis point mon asile
De *trochites* et de *coraux* ;
Je ne sais point de quelle argile
Le ciel a formé mon enclos ;
J'ignore si c'est la *glucine*,

La *magnésie* ou l'*alumine*,
Si c'est la *zircone* ou la chaux,
Dont le sel actif y domine
Et féconde mes végétaux :
Mais je sais bien que la laitue,
Que le thym et le serpolet,
Y sont d'une heureuse venue ;
Que le choux pommé s'y complaît ;
Que le pêcher y fructifie....
Je n'ai pas fait d'autre examen.
Je distingue dans ma prairie
Le triolet et le gramen :
Mais Io, botaniste sage,
De son instinct suivant la loi,
Maîtresse de mon pâturage,
Sait mieux herboriser que moi.

Enfin, d'une science aisée
Je jouis sans faste et sans bruit :
La Nature décomposée,
Mise au creuset, analysée,
Est trop belle pour mon esprit....
Maudire un jour tant d'analyses
Deviendra peut-être un devoir :
Tant la fureur de tout savoir
Peut faire éclore de sottises !

FEUILLETON EN VERS

SUR LE DÉSESPOIR

DE JOCRISSE.

. . . .

LA Scène, grâce au génie inspiré
Qui mit en œuvre une pensée heureuse,
Depuis dix ans, retentit glorieuse
    De *Jocrisse désespéré.*
    Il faut le dire avec franchise :
    (J'en suis fâché pour maint écrit
    Qu'on exalte et qu'on divinise)
    Le sublime de la bêtise
    Vaut le sublime de l'esprit.
    Au théâtre, l'art d'être bête
    Des beaux-arts n'est pas le dernier :
    Tout avance, rien ne s'arrête,
Tout se perfectionne, on ne peut le nier.
    En ce genre, les Grecs novices,
    Et leurs confrères éternels,
    Ne connaissaient point de Jocrisses ;
    N'ont point vu de Cadets-Roussels;

A la honte des temps antiques,
Les calembours, les jeux de mots,
Exclus des œuvres dramatiques,
Semblaient le partage des sots :
Aujourd'hui, la foule empressée
Des gens de goût et des honnêtes gens,
Fait peu de cas d'une pensée
Qui ne présente pas deux sens.
C'est une preuve de lumière,
De génie et d'inventions :
Le double sens est nécessaire
Au double esprit que nous avons.
Mais nous sommes sur-tout habiles
A faire les nigauds avec grâce et candeur,
Et nous avons poussé les rôles d'imbécilles
Au plus haut degré de splendeur.
D'une heureuse nigauderie
Le Boulevart nous fait jouir :
On y peut, chaque soir, avec fougue applaudir
A des niais du plus grand génie.
Les mimes et les baladins
Dont se vantaient la Grèce et l'antique Italie,
Pâliraient aujourd'hui d'envie
Près des Brunets, des Tiercelins,
Dont s'honore notre patrie.

Brunet!... Ce nom rappelle des succès

Dont à tort on se scandalise ;
Il est , sans contredit , le premier des Français
Pour bien rendre une balourdise.
Mais, pour perpétuer ce genre précieux ,
Plusieurs nigauds d'une belle espérance ,
Dans le début le plus heureux ,
Ont fait preuve d'intelligence
Par la plus gauche contenance ,
Et par les airs bien hébétés
Qu'ils ont pris dans la circonstance :
Ainsi nos heureuses cités
Conserveront toujours le type
De la sottise par principe ,
Professée aux *Variétés.*

Le Boulevart ne borne point sa gloire
A nous montrer des *Innocens :*
On dit que dans son répertoire
Vont se glisser de très-habiles gens ;
Que Grotius, de savante mémoire ,
Sur ses treteaux s'est établi ;
Qu'il est question , à *la Foire* ,
DE JURE PACIS ET BELLI (1) ;
Que, par un talent littéraire ,
Dont les succès font quelque bruit ,

____

(1) Titre d'un ouvrage de Grotius.

Le *Droit des Gens* s'est introduit
A *l'Ambigu*, la semaine dernière ;
   On dit qu'avec le même sel,
   Pufendorff et Machiavel,
   Suivis des plus grands publicistes ,
Exhumés un moment de l'Université,
   Vont débuter , quoiqu'un peu tristes ,
   Au théâtre de *la Gaîté*.....

   Hier , après dix jours d'absence,
   Brunet dans Jocrisse est *rentré* :
   Il est bon d'instruire la France
   De ce bonheur inespéré.
Mais Paris, des plaisirs le refuge et le centre ,
Seul de cette *rentrée* , hélas ! a pu jouir.
   Ce n'est pas un mince plaisir
   Que de voir un acteur qui *rentre* :
La foule sur ses pas se porte avec fureur ;
   Le voir *rentrer* est d'étiquette ;
   La conquête d'une banquette
   Comble de joie et de bonheur ;
   Au sein du plus affreux vacarme ,
Cent coups de poings reçus par le vainqueur,
   Lui font toujours beaucoup d'honneur ,
   Et ne sont pas sans quelque charme ,
   Quand on est vraiment amateur.
   La toile se lève.... *O délices !*

A bas , Messieurs, hors des coulisses !
C'est lui, s'écrie un vigoureux parti !!!
Paix-là ! silence !.... Il se surpasse !
D'un grand progrès on voit la trace !
On est heureux qu'il soit sorti
Pour rentrer *avec tant de grâce !....*
C'est un de ces mortels que le ciel rarement
Présente à des bourgeois pour leur amusement !
Un siècle ne saurait produire
Deux talens aussi prononcés !....
Ah ! si jamais il se retire , ...
Nous serons fort embarrassés !....

C'est ainsi qu'un parterre exprime ,
Pour un artiste de *retour* ,
Son attachement , son amour ,
Fondés , comme on dit , sur l'estime....

Brunet donc s'étant surpassé ,
Et le rideau s'étant baissé ,
Couvert de gloire, il regagnait la rue ,
Quand une foule encore émue,
Le rappelant par mille cris ,
Veut qu'il reparaisse à sa vue,....
Dans le simple appareil d'un bourgeois de Paris.
Certes , votre bonté m'honore ,
A-t-il dit ; me voilà : que voulez-vous de moi ?
Vous desirez me voir encore ,

Et vous ne savez pas pourquoi.
Messieurs, on vous devait Jocrisse ;
Vous l'avez eu pour un écu :
Mais Brunet ne vous est point dû.
Laissez-moi gagner la coulisse ,
Et de là mon ménage où je suis attendu.
Je ne suis plus qu'un citoyen honnête ,
Dispensé de vous divertir ;
Car mon rôle vient de finir....
Je n'ai plus rien à vous offrir ,
Puisque j'ai cessé d'être bête.

EPIGRAMME NAÏVE.

Deux poëtes rivaux, bien satisfaits d'eux-mêmes,
    S'accusaient mutuellement
    D'avoir fait de mauvais poëmes.
    Chacun, avec acharnement,
    Défendait ses œuvres nouvelles ;
    Leurs raisons étaient des fureurs :
    Le moyen, entre grands auteurs,
    De n'en pas venir aux libelles !
Messieurs, dit un bon homme, attendez ; je vois bien
    D'où vient l'erreur qui vous divise :
Vos poëmes sont bons, s'il faut que je le dise ;
    Mais c'est vous qui ne valez rien.

L'ESPRIT OBLIGÉ.

Salut, heureux bourgeois, pourvu, dans ton village,
D'un robuste estomac et d'un large visage !
Salut, toi que décore un excès d'embonpoint,
Et dont le bon esprit est de n'en avoir point !
Ta cervelle jamais, dans ton crâne épaissie,
Ne reçoit une idée ayant quelque saillie.
Que si, par un effort étonnant pour un sot,
Tu viens à démêler le double sens d'un mot,
Ta profondeur te semble à toi-même infinie,
Et tu ris aux éclats de ton propre génie.
Jamais, dans un écrit, le souci ne te prend
De lier tes pensers et d'être conséquent;
D'unir, dans une longue et fatigante veille,
Des mots harmonieux, doux amis de l'oreille :
Tu ne fais point d'efforts pour paraître nouveau,
Et de ta bouche ouverte on n'attend rien de beau...

C'est ainsi que, sortant tout chagrin de la ville,
J'enviais les destins d'un heureux imbécille.
Amis, n'en riez point, et, de mon sort touchés,
Ecoutez les ennuis aux lettres attachés.

Aminte à ses soupers m'a convié naguère ;

Dans son triste quartier, avec douze confrères,
Comme moi, réputés des esprits assez beaux
Pour avoir imprimé de petits madrigaux
Recueillis, et formant d'énormes exemplaires
Trop long-temps demeurés à charge à nos libraires,
Puis, par un mouvement de générosité,
Distribués gratis à la société.

Aminte, à quarante ans tristement arrivée,
Pour tout éloge apprend qu'elle est *bien conservée ;*
Eloge malheureux, qui l'avertit enfin
Qu'il faut du bel-esprit aborder le chemin.
Dans ce glorieux genre à briller engagée,
D'un amour périssable elle s'est dégagée.
A sa vertu nouvelle un peu d'humeur se joint :
Mais elle aspire aux biens qui ne périssent point,
Et veut, tous les lundis, en grandes coteries
Attrouper de Paris les plus heureux génies,
Obligés, pour fêter un jour si solennel,
D'être, cinq fois par mois, pleins d'esprit et de sel.

Mal instruit du complot, soit paresse, soit crainte,
J'arrive le dernier, un peu tard, chez Aminte.
J'y vois bien qu'il s'agit, en retour d'un souper,
De fournir les bons mots qui doivent m'échapper,
Et qu'elle n'entend pas, d'Apollons entourée,
En moi nourrir un sot pendant une soirée.

Je frémis d'un projet par l'orgueil médité,
Dont l'effet est d'abord de me rendre hébété.
Je cherche mon esprit, entrant dans la carrière,
Et je ne puis trouver qu'une lourde matière,
Qui ne peut proférer rien de plus *enchanteur*
Que *votre humble valet* ou *votre serviteur.*

La *matière* pourtant, dans ce beau cercle admise,
D'un fauteuil est pourvue ; et la *matière* assise
Bredouille en automate et murmure tout bas
Quelques mots qui voudraient être un peu délicats.
La belle, que personne encore ne seconde,
Veut risquer quelques mots pour agacer son monde,
Et, du geste et de l'œil, semble nous dire à tous :
Allons, Messieurs, allons, quand commencerez-vous ?
Vous faites trop attendre, et j'en ai quelque honte,
L'esprit que vous avez, et sur lequel je compte.

Vainement agacés, mes tristes compagnons
Fouillent péniblement dans leurs provisions ,
Et n'en peuvent tirer, au lieu de sel attique,
Que les plus fades fleurs dites de rhétorique.
Je triomphe tout bas, en voyant les efforts,
Non moins vains que les miens, de mes douze butors.

. Quelques-uns cependant, moins dignes de reproches ,

Ont eu soin d'apporter de l'esprit dans leurs poches,
De cet esprit sortant tout froid du cabinet,
Sur un papier galant proprement mis au net.

Lucas, d'un ton badin et d'une voix mignarde,
Nous lit quelques vers blancs, que *sa muse hasarde*
Pour enrichir, dit-il, notre Pinde un peu gueux,
Que ruine et désole un joug impérieux ;
Car, dans une préface adroite et bien conçue,
Il nous montre la rime atteinte et convaincue
D'être fort puérile, et d'avoir arrêté
Les élans du génie et de la vérité.

Ariston nous débite, à son tour, quatre fables,
Où des chiens, des mulets, et des ânes aimables,
Où de rusés lapins, d'ingénieux cochons,
Donnent au genre humain d'admirables leçons,
Dont il va profiter. (On sait comme il profite ;
Combien, depuis Esope, il augmente en mérite.)
Aux bêtes l'assemblée applaudit aux éclats.

A votre tour, Monsieur..... C'était mon tour, hélas !
—On parle d'une épître et d'une petite ode ;
On parle des fragmens de certain épisode,
Lesquels vous avez lus naguère en certain lieu ;
Ne nous en privez pas.—Des fragmens ! ah, bon Dieu !
Si du moindre fragment j'ai jamais fait lecture,

Je veux être pendu, Madame, je vous jure.
—Vous ne nous lirez rien? — Pas un mot, s'il vous plaît.
Je n'ai pas colporté dans ma vie un couplet:
Je dois porter envie à mes heureux confrères,
Toujours féconds, toujours chargés d'œuvres légères...

Aminte, à ce propos, témoigne un peu d'humeur,
Se retourne, et provoque un sixième lecteur.
Six lectures enfin, que soutient l'eau sucrée,
Poussent jusqu'à minuit l'éternelle soirée ;
Et, pendant l'emphatique et précieux débit,
Chacun ouvrant la bouche,... en signe d'appétit,
Provoque du souper la nouvelle tardive.

Au cercle impatient cette nouvelle arrive.
Aminte à ses côtés a soin de me placer,
Pour me pousser à bout et pour mieux m'agacer.
De l'esprit naturel la table est le théâtre:
La gaîté s'y maintient plus franche, plus folâtre.
Mais que nous sommes loin, grands dieux, de folâtrer!
En silence bientôt habile à dévorer,
De lecture épuisée et de vers blancs nourrie,
La troupe sur les mets se jette avec furie.
On ne veut rien entendre à quelques mots profonds
Mêlés au bruit des plats et des libations.
Aminte parle en vain : ses phrases les plus vives
Ne font point du souper démordre les convives.

La table ravagée , il faut cesser enfin
L'exercice trop long commandé par la faim.
Je roule dans ma tête un trait, une malice....
J'attends , pour la lancer, l'occasion propice :
Elle s'offre, et, restant dans le plus beau chemin ,
Je suis plein d'innocence, au lieu d'être malin...
On se lève, on se quitte, et, pour toute épigramme,
Je souhaite, en sortant, ... le bonsoir à Madame.

TITUS.

> Sans ce défaut qu'il avait,
> Il aurait été parfait.
> *La Matrone d'Ephèse, Vaud.*

TITUS a mérité notre hommage et nos vers.
Je conviens qu'il fut un grand homme :
Il fit les délices de Rome,
Et les beaux jours de l'Univers.
Il aima tendrement la reine Bérénice :
Du plus ardent amour il fit le sacrifice
Aux lois de son pays, au bonheur des Romains ;
Il immola la tendresse à la gloire.
Il est beau de se vaincre : on a vu peu d'humains
Capables de cette victoire.
Cet Empereur chéri des dieux,
Refuge du malheur, appui du misérable,
Distrait, un jour, de ses soins généreux,
Oublia de faire un heureux ;
Il en devint inconsolable :
Le lendemain, il en fit deux.
Cette conduite est admirable.
Enfin son nom fameux du temps a triomphé.
Titus des Empereurs était le plus aimable :
Mais Titus était mal coiffé.

L

RÉPONSE

DE LA VEUVE DE L'ELEPHANT

MORT A PARIS EN 1802,

A des Vers qui lui avaient été adressés dans
le Journal de l'Ami des campagnes.

TES vers ont excité mes larmes,
Mais ils ont adouci mes maux;
Car la poésie a des charmes
Même pour les gros animaux.
Pourrai-je manier la rime
Pour répondre à tes doux accens?
Des dieux le langage sublime
N'est pas celui des Eléphans.
N'importe, il faut que je réponde;
Trop heureuse, dans mon malheur,
D'épancher ma douleur profonde
Dans le sein d'un consolateur!....
J'aime à rouvrir en ta faveur
Mes blessures encor saignantes.

L'époux qui faisait mon bonheur

Laisse un grand vide dans mon cœur,
De même qu'au jardin des plantes.
Hélas ! je suis seule en ces lieux,
Et, pour charmer ma solitude,
Je n'ai qu'un cornac ennuyeux,
Qui me parle d'un ton fort rude.
Mais Dieu le garde de tout mal,
Malgré son ame intéressée !
C'est un assez bon animal,
Quand il a la *patte graissée.*
Quelques amateurs indiscrets
Viennent contempler ma structure :
L'expression de mes regrets
Se peint, dit-on, sur ma figure.
On demande si j'ai pleuré ;
L'un me plaint, un autre me raille.
— Son époux est-il enterré ?
— Non, monsieur Cuvier le rempaille.
— Cette bête a des sentimens
Qui font honneur à la nature ;
Elle a des regards languissans.
— Elle crèvera, je vous jure,
Avant le retour du printemps.
— Son époux laisse-t-il un gage,
Un fruit de leur tendre lien ?
— Ah ! monsieur, il ne laisse rien ;
Car vous savez.... — C'est bien dommage.

 LA VEUVE

O mon époux ! mon bien-aimé !
Plains ton épouse infortunée !
De ton cadavre inanimé
Je vais suivre la destinée.
Dans un cabinet curieux,
Comme toi, de paille remplie,
Nous fixerons encor les yeux
Des amateurs d'anatomie.
Ils diront ces mots bien touchans,
En mouillant de pleurs leurs prunelles :
Ici gisent deux tourterelles,
Ou simplement deux Eléphans.

Lasse de ma pénible vie,
Prête à descendre aux sombres bords,
Je lui pardonne certains torts;.....
Il en eut avec son amie.
Ces torts ont causé son trépas;
Il faut bien que je les oublie.
Hélas ! dans les heureux climats
Où nous avons reçu naissance,
Il vécut sage, vertueux;
Ses jours coulaient dans l'innocence;
Il ne trompa jamais mes vœux.
Il dut au séjour de la France,
A ses exemples corrupteurs,
L'oubli, la perte de ses mœurs,

Et sa conduite criminelle.....

Je n'en serai pas moins fidelle
Au souvenir de ses vertus.
Il ne m'est plus permis, sans doute ;
D'aimer d'autres individus ,
A moins qu'on ne me mette en route
Pour revoir les bords de l'Indus.
Une taille comme la mienne ,
A Paris , doit effaroucher ;....
Et je n'y vois , à bien chercher,
Que l'*homme à tout* qui me convienne.

FEUILLETON EN VERS.

DIALOGUE

Sur les Vers de société et les Poésies fugitives.

ARISTE.

Est-ce toi, mon ami ? Pourquoi, de ton hameau
Transporté tout-à-coup dans un monde nouveau,
Te trouvé-je à Paris, aux portes d'un libraire,
Avec l'air effaré, même patibulaire,
D'un filou méditant, vers la chute du jour,
Sa fortune coupable au coin d'un carrefour ?

VATIGNAC.

Détrousser les passans n'est pas mon habitude ;
D'un plus noble métier je me fais une étude :
A celui d'Apollon je me voue aujourd'hui ;
Et, si je suis voleur, c'est de l'esprit d'autrui.
J'épie ici la gloire, et messieurs Chaignieau frères,
Multipliant mon nom en trois mille exemplaires,
M'ont flatté (vain espoir que j'ai trop acheté !),
Hélas ! de me conduire à l'immortalité,

Cartonné proprement ou relié de même ,
Sur *papier grand-raisin* ou *carré d'Angoulême.*
La décadence arrive et fait tout reculer ;
L'esprit reste en boutique, et , lent à s'écouler ,
Ne réalise point de brillantes promesses.
Le mien, depuis trois mois , sorti de quatre presses,
Sur trois mille amateurs à ses œuvres promis ,
En compte à peine trente ,.... et ce sont mes amis.

ARISTE.

Ceci m'explique assez une mine aussi sombre.
De ces trente amateurs je veux grossir le nombre :
Puis-je savoir, prenant intérêt à ton sort ,
Sur quoi roulent ces vers déjà frappés de mort ?

VATIGNAC.

Sur mille objets divers, réels ou fantastiques.
Je chante mes chagrins, mes plaisirs domestiques.
A mes épanchemens cherchant des cœurs ouverts ,
Je n'ai rien de caché jamais pour l'univers.
Ma femme, sous le nom assez doux d'Amélie ,
Brille dans mon recueil, publiquement chérie ;
Et je m'escrime à mettre en réputation
Notre amour conjugal, de pure invention.
Mes enfans , doux présent que m'a fait la Nature ,
Déjà n'ont pas à craindre une existence obscure :

Avec un juste orgueil je cite mon *aîné*,
Petit aigle en culotte, à *planer* destiné ;
Je cite les bons mots, l'étonnante malice
De son génie heureux retiré de nourrice....

ARISTE.

Je vois là, mon ami, les preuves d'un bon cœur.
Est-ce assez pour distraire et charmer un lecteur ?
Il semble qu'un bourgeois, entretenant la terre
De ses petits bambins et de sa ménagère,
N'est pas d'un intérêt, entre nous, assez vif ;
Ce sujet peut d'abord paraître un peu naïf....

VATIGNAC.

Je décris ma campagne, et la rends des plus riches
Avec ma rhétorique et de beaux hémistiches.
Elle manque d'ombrage, et le plus souvent d'eau :
J'imagine un bosquet et j'invente un ruisseau ;
Elle occupe une plaine aride et peu riante :
Sur un coteau riant, sans frais, je la transplante,
D'où le lecteur jouit, ma poésie en main,
De la plus belle vue et de l'air le plus sain.
Je coule avec tristesse une assez longue vie :
Mais que ne peut la rime à la mesure unie !
Mes jours par mon ennui d'un bon tiers alongés,

Soudain , d'un trait de plume , en beaux jours sont
    changés.
Je dis aux nations , à bon droit *étonnées* ,
Que je coule en repos d'innocentes années ,
Errant dans la prairie , entouré de moutons ,
Cultivant mon jardin , guéri d'illusions ,
Riche de pauvreté , méprisant la mollesse ,
Loin des Grands , que je fais *pauvres de leur richesse.*

A R I S T E.

Ces respectables mœurs et leurs descriptions ,
Par malheur , font souvent bâiller les nations.

V A T I G N A C.

Ma muse , revenant à des mœurs mieux connues ,
Saute de la campagne aisément dans les rues.
Il ne se passe rien dans ma société ,
Que je ne mette en vers avec solennité.
Tout rit sous une plume adroite et délicate :
La mort d'un épagneul , d'un serin , d'une chatte ;
Une convalescence , un baiser , un adieu ,
Une fièvre , une fête , une noce , un cheveu ;....
Une sottise même , au Parnasse , s'épure ;
Il s'agit seulement de la dire en mesure....

ARISTE.

Tant de riens élégans nous sont déjà connus !
Quels riens restent encore à de nouveaux venus ?
Les réputations, en plus d'une carrière,
Deviennent, chaque jour, moins faciles à faire :
Trop d'esprit court l'Europe, et n'y saurait briller,
Quand les moindres goujats semblent en pétiller ;
Et quand les nations, cessant d'être *assoupies*,
S'avisent de *penser* et d'avoir des saillies.
Le temps est déjà loin où le moindre *bouquet*
Couvrait de gloriole un heureux freluquet,
Et semblait enrichir le monde poétique.
Les peuples ne sont plus *enchantés* d'un distique.
A peine un gros poëme, un recueil monstrueux
De magnifiques vers, *agréables aux dieux*,
Des hommes de nos jours obtient-il les suffrages ;
Il manque de lecteurs, et ses nombreuses pages
Se traînent, en dépit de leur grande beauté,
Sans bruit et sans trompette, à l'immortalité.

VATIGNAC.

Hélas ! j'ai vu mes vers les plus heureux du monde
Dans mon petit village, aux bords de la Gironde :
Jamais ils n'ont manqué d'arracher quelques pleurs
A mon père, à ma mère, à mon frère, à mes sœurs ;

J'ai vu mes bons voisins, avocats ou notaires,
Ne se *consolant* point de mes œuvres légères,
Et, dès mes premiers chants, ivres de mon début,
Donnant à mon génie un siége à l'Institut.

A R I S T E.

Vas encor, mon ami, dans ton heureux village;
Charmer des avocats, attendrir ton ménage.
Ne compte pas, ici, sur l'attendrissement :
Paris est devenu rebelle au *sentiment ;*
Il a trop entendu de voix sentimentales.
Rends aux départemens tes mœurs patriarcales;
Tes vers et tes vertus, parmi nous déplacés :
Assez de malheureux, de gloire un peu pressés,
Sont venus, s'aveuglant sur leurs folles démarches,
Dans leurs hôtels-garnis faire les patriarches.
Emporte ta campagne et ton petit jardin,
Tristes et desséchés, sur papier *grand-raisin ;*
Rejoins ton Amélie, à tort abandonnée,
Et n'en reparle plus à la *terre étonnée.*

F I N

Des Pièces Fugitives en vers.

PIÈCES FUGITIVES

EN PROSE.

PIÈCES FUGITIVES

EN PROSE.

AVERTISSEMENT

Sur la Pièce suivante.

EN passant dernièrement dans le carrefour de Bussy, nous avons vu un placard annonçant un Mémoire en faveur de Dieu. Nous avions bien pensé que l'Etre-Suprême ne pouvait consentir à se faire ainsi placarder, que parce qu'il était question d'une procédure solennelle où il se trouvait partie intéressée, et à la suite de laquelle il avait été condamné à l'Affiche. Nous avons été chez tous les officiers de paix, pour savoir s'il n'y avait point d'accusation intentée contre l'Etre-Suprême, et chez tous les officiers de police, pour savoir s'il n'y avait point de mandat d'arrêt : on nous a par-tout rassurés sur ce point ; et nous pensions que le Mémoire en faveur de Dieu n'était qu'une espièglerie du sieur Delille-de-Salle, lorsque nous avons appris qu'en effet la cause de l'Etre-Suprême avait été portée au tribunal de la Philosophie, et qu'elle était sur le point d'être jugée en dernier ressort. Nous avons sur le champ envoyé notre tachygraphe au redoutable tribunal, et voici ce qu'il a pu recueillir.

TRIBUNAL DE LA PHILOSOPHIE.

PLAIDOYER,

Par le citoyen B**,

Défenseur officieux de l'Etre-Suprême, accusé nouvellement encore devant le tribunal de la Philosophie.

Je me présente, en tremblant, devant vous, citoyens Philosophes, pour prendre la défense d'un Être qui a eu le malheur de vous déplaire, et qui, par cela seul, est sans doute coupable. Puissé-je ne pas partager son crime moi-même, quand je me place entre vous et lui, pour chercher à opérer sa justification, et pour le faire rentrer dans vos bonnes grâces ! Vous prendrez en considération, peut-être, les devoirs sacrés de mon ministère, qui ne me permettent pas de repousser l'innocence opprimée, quand elle se réfugie dans mes bras, et de rejeter la cause de la veuve et de l'orphelin, si je puis m'exprimer ainsi, en parlant de celui que j'ai l'honneur de défendre. Peut-être, dans le fond de vos cœurs, honorerez-vous le courage et la générosité dont je fais preuve en cette occurrence : mon courage, en ce que je ne me suis point dissimulé les dangers qu'il y a de déplaire à la Philosophie toute-puissante ; ma générosité, en ce que je plaide gratis, c'est-à-dire, pour l'amour de Dieu, et que j'en serai peut-être pour mes frais et mes déboursés.

Je n'entamerai point la défense de ma partie, sans vous rendre, en son nom, de très-humbles actions de grâces, de ce que vous avez bien voulu la reconnaître, il y a quelque temps, à une assez grande majorité ; elle n'oubliera point ce bienfait, qui lui donne parmi nous une existence civile, et la fait rentrer dans les droits de la nature, dont on avait cherché méchamment à la priver.

Je ne chercherai point à nier tous les torts de celui pour qui je parle. L'Etre-Suprême en a eu sans doute dans la création du monde et dans l'organisation un peu précipitée de ce vaste Univers : mais il a droit à quelque indulgence, et c'est ce dont je veux principalement vous convaincre, n'espérant pas le disculper entièrement à vos yeux. Vous avez souvent, citoyens Philosophes, remonté au chaos dans les ouvrages et les discours émanés de votre sagesse, en sorte qu'on peut dire que vous le connaissez comme si vous l'aviez fait ; vous avez lu d'ailleurs les métamorphoses d'Ovide ; vous savez dans quelle confusion, dans quelle incohérence, ma partie a trouvé les choses ; vous n'ignorez pas que les élémens, épars, dispersés et confondus dans l'espace, ne laissaient voir qu'une masse informe et monstrueuse de matières premières, *rudis indigestaque moles*, dont le débrouillement n'était pas sans quelque difficulté à opérer. Celui pour qui je parle les a pourtant débrouillées, comme il a pu, en moins de sept jours ; et il en est résulté un ordre de choses et un ouvrage qui ne laisse pas d'avoir des beautés réelles. Mettez-vous un instant, je vous prie, citoyens Philosophes, à la place de ma partie, et dans les circonstances où elle s'est trouvée. Je sais que vous êtes en droit de me dire, comme disait un certain roi de Castille, qui était grand mathématicien, que, *si Dieu l'eût appelé à son conseil, quand il fit le monde, il lui eût donné de fort bons avis.* Mais peut-être n'auriez-vous pas mieux fait ; peut-être auriez-vous été embarrassés pour faire quelque chose….. Ceci est une manière de parler. A Dieu ne plaise que je veuille chercher à vous offenser en aucune façon ! C'est une simple supposition, une figure de rhétorique, que comporte volontiers mon métier d'orateur, et qui est d'autant plus innocente, que vous n'existiez pas à l'époque en question. Je dis donc que vous auriez pu commettre des fautes ; car vos confrères, Ticho-Brahé, Copernic, Newton (1), Descartes, et autres, en ont commises, quand ils ont cherché à raccommoder l'Univers : on connaît les faux pas qu'ils ont souvent fait faire au Soleil, à la Lune, aux planètes, et sur-tout à la Terre. Le citoyen Lalande lui-même a failli plusieurs fois à nous incendier avec des comètes mal attachées, qui heureusement se sont bien tenues, et se tiendront sans doute encore bien. Les Philosophes peuvent donc errer, Citoyens : *Errare humanum est.* Il est vrai que leurs erreurs sont toujours belles, et Descartes n'est pas moins célèbre par ses tourbillons que par tout le reste. Mais l'Etre-Suprême, qui ne pouvait être aidé des lumières de la Philosophie lors de son travail primitif, est peut-être plus excusable qu'un autre : car enfin il a tout

---

(1) A ce mot, il est échappé au cit. Mercier un sourire d'approbation. (*Note du tachygraphe.*)

tiré de son fonds, sans conseils, sans boussole, sans guide; et, quand on songe que sa machine roule tant bien que mal depuis environ six mille ans, sans qu'il lui soit arrivé aucuns dommages notables, on ne peut lui refuser quelques talens, un grand esprit d'ordre, d'invention, et du génie peut-être; on ne peut nier qu'il n'ait parfaitement connu les principes des choses, et qu'il n'ait distribué celles-ci avec tout plein d'intelligence : *Felix qui potuit rerum cognoscere causas!....* Je cite le latin le plus simple, pour la commodité de ceux d'entre vous, Citoyens, qui ne savent pas parfaitement cette langue.

(La cause a été renvoyée à demain.)

TRIBUNAL DE LA PHILOSOPHIE.

Continuation de la cause de l'Etre-Suprême.

SÉANCE II.

La cause de l'Etre-Suprême a été continuée aujourd'hui : on a entendu les témoins à charge et à décharge. On a remarqué, parmi les premiers, les cit. Naigeon, Silvain Maréchal, Marchena, Jacob Dupont, un grand nombre de métaphysiciens, de chimistes, d'élèves en chirurgie, etc. Parmi les témoins à décharge, qui sont en grand nombre, un des plus remarquables est Delille-de-Salle : on n'a été que médiocrement content de son discours ; ce qui fait mal augurer pour l'issue du procès. Le citoyen Beauroche (1) a aussi été entendu : les rédacteurs du Citoyen Français, qui étaient au tribunal, ont trouvé qu'il gardait un peu trop

______

(1) Auteur d'un poëme nouveau, en trois chants, sur les dangers de l'athéisme.

long-temps la parole. Une foule immense s'était portée au tribunal, faisant des vœux pour l'accusé, et attendant froidement la fin des débats.

Voici ce que notre tachygraphe a pu recueillir du discours prononcé par le défenseur officieux de l'Etre-Suprême. Nous ne ferons pas mention des murmures qui l'ont quelquefois interrompu, et des signes d'improbation que les juges ont laissé échapper, à plusieurs reprises. L'orateur continue à justifier l'Etre-Suprême sur la création et l'organisation du monde.

Permettez-moi, dit-il, d'employer encore la figure que nous appelons *concession*; car j'espère en tirer des moyens péremptoires, et la faire *militer* victorieusement en faveur de ma partie. J'accorde que l'Etre-Suprême a négligé généralement les parties de son grand tout, et que bien des détails ont été peu soignés; ce qui arrive souvent à tous ceux qui forment des conceptions un peu vastes. Je ne disconviens pas que le Soleil n'ait des taches, des imperfections et des croûtes très-marquées, qui vous ont sauté aux yeux, Citoyens, toutes les fois que vous avez pris la peine d'y regarder avec vos grosses lunettes de l'invention de Galilée. Sa marche, d'ailleurs, n'est pas uniforme, géométrique, et vous a souvent mis dans l'embarras, quand il a été question de nous faire des calendriers exacts. Sa lumière n'est point répartie avec égalité sur la terre, comme elle devrait l'être; tellement que des peuples entiers sont condamnés à passer leur vie à la lueur des bougies ou des lampes à la Quinquet, tandis que d'autres n'en ont jamais besoin, et peuvent se regarder toujours comme en plein midi : d'où il résulte ensuite qu'on étouffe de chaleur dans les Terres Magellaniques, et qu'on gèle dans la Laponie et le Groënland. Je ne parle pas de bien d'autres torts que l'Etre-Suprême a sans doute envers les hommes, principalement dans la direction des astres auxquels il préside.

La Lune n'est pas exempte de reproches, par la singularité de sa marche, par l'influence quelquefois ridicule qu'elle a sur le genre humain, et par l'action insignifiante qu'elle exerce sur l'Océan, laquelle action occasionne un flux et un reflux dont l'inutilité a été reconnue de tout temps. Ces deux astres, d'ailleurs, dans leur marche inégale, ne sont pas toujours en harmonie avec la Terre, puisqu'ils se cachent souvent l'un par l'autre, et occasionnent de fréquentes éclipses; que notamment il y en aura quatre cette année, savoir, deux de Lune et deux de Soleil, à la vérité invisibles à Paris : sur quoi je remarquerai cependant,

en passant, à la louange du Soleil et de la Lune,
que leurs éclipses réciproques sont presque toujours
invisibles à Paris, sans doute par égard pour la capitale, où les éclipses visibles ont souvent occasionné
divers accidens, comme dans l'année 1654, où plusieurs femmes perdirent leurs maris, et plusieurs
maris leurs femmes ; ce qui arrive encore assez
souvent.

J'accorderai encore que le globe terrestre est peut-
être le plus imparfait de tous, comme vous avez pu en
juger immédiatement, citoyens Philosophes, puisque
vous y faites votre domicile ordinaire. Sa forme aplatie
vers les pôles est peut-être la plus ridicule de toutes
les formes ; tandis qu'il n'y avait rien de si aisé que
de la faire ronde comme une boule, c'est-à-dire, de
faire en sorte, pour m'exprimer plus savamment,
que son point central fût à une distance égale de tous
les points de sa circonférence ; de manière qu'elle
aurait pu rouler en tous sens avec une égale facilité,
et ne serait point sujette à des frottemens qui sont
capables de la faire crever un jour comme une boule
de neige. Je ne parle pas des inégalités de sa surface,
qui sont moins sensibles, mais qui ne laissent pas
d'être fort désagréables, et de vous présenter bien
des obstacles et des difficultés, citoyens Philosophes,
quand vous voulez voyager à pied ou autrement, pour

observer la Nature. Je ne parle pas des dispositions qu'elle a à se geler un jour ; de l'inondation générale dont elle est menacée, et des inondations partielles qui l'ont successivement couverte toute entière, depuis sa naissance; tellement que vous avez trouvé des cornes d'Ammon, des belemnites, des chevaux marins et des coquilles d'huître, jusque sur les plus hautes montagnes. Je ne parle pas de toutes les incommodités que vous éprouvez journellement sur ce globe terraquée. Je ne parle pas..... Il est vrai que je parle toujours. Excusez, citoyens Philosophes : mais vous ne pouvez me refuser la parole pour mon malheureux client. Je demande à être entendu jusqu'au bout, dans une cause qui a grand besoin d'être parfaitement éclaircie. Je ne serai pas long, à ce que je crois. Je vous supplie de pardonner à l'Être-Suprême qui vous ennuie peut-être par mon organe. Tâchez de ne pas perdre un mot de tout ce que nous allons avoir l'honneur de vous dire encore : nous tâcherons de ne nous pas répéter.

(La cause est de nouveau renvoyée à demain ; elle sera jugée sans désemparer.)

TRIBUNAL DE LA PHILOSOPHIE.

Continuation de la cause de l'Etre-Suprême.

SÉANCE III.

LES paris sont ouverts sur l'issue de la grande affaire qui occupe maintenant le tribunal : mais tout le monde s'étonne qu'elle ne soit pas déjà décidée ; car la Philosophie a la réputation d'être plus expéditive dans ses jugemens. Quoi qu'il en soit, voici le discours que le défenseur officieux a prononcé aujourd'hui en faveur de son client.

Je ne dissimulerai point qu'il n'y ait de grandes lacunes dans la chaîne des êtres. Celui pour qui je parle aurait pu y glisser bien des animaux intermédiaires, bien des anneaux essentiels pour compléter cette chaîne. Si le genre animal n'est point complet, le genre végétal ne l'est pas davantage; il a souvent embarrassé Tournefort, Linnée et autres, quand ils ont voulu soumettre les végétaux à des classifications exactes et régulières...... Vous avez découvert, dans votre sagesse, Citoyens, bien d'autres imperfections dans le grand travail de l'Être-Suprême, pour qui je parle: il ne m'appartient pas de les rappeler toutes, n'étant pas Philosophe, comme vous pouvez croire, et ayant simplement reçu mes grades à l'université d'Avignon. Remarquez, s'il vous plaît, que je vous ai jusqu'ici abandonné les détails: mais je me retranche toujours sur les beautés de l'ensemble, qui sont telles, que toute personne de bonne foi est forcée de leur rendre hommage; je me retranche sur ce qu'il a été impossible à ma partie de mieux faire en si peu de temps. J'ai déjà eu l'honneur de vous dire qu'elle n'avait demeuré que six jours, ayant commencé le lundi matin et ayant fini le samedi soir. C'est une considération à laquelle je vous prie de vous arrêter, et qui ne gâte rien à mon affaire. Il n'y a aucun de vous, Citoyens, qui ait été capable même de composer un livre en moins d'une semaine: il vous faut souvent des années entières de travaux et de veilles; et encore se glisse-t-il de légères fautes dans vos ouvrages......

Mais c'est ici que je me rassure, Citoyens; et peut-être ne fermerez-vous pas entièrement vos cœurs à la bienveillance, en faveur de celui pour qui je parle, quand je vous rappellerai que c'est lui-même qui a donné l'être aux animaux, et consé-

quemment à vous-mêmes, qui êtes les rois des animaux, c'est-à-dire, les animaux par excellence.
Quoi de plus grand, de plus beau, de plus majestueux!... Pardonnez, si je vous donne, comme on
dit, de l'encensoir au travers du visage : la louange
ne vous a jamais blessés, je le sais, et c'est ici le
cas de la recevoir sans déguisement. Au moins, serez-
vous forcés de convenir, sublimes Philosophes, que,
pour le coup, l'Être-Suprême a fait un chef-d'œuvre
qui lui mérite toute notre reconnaissance. Sans lui,
nous n'aurions point de mathématiciens, point de
géomètres, qui ont mis tant d'ordre et de régularité
sur la terre, que tout s'y passe de la manière la plus
satisfaisante ; qui ont tellement appliqué l'esprit de
calcul à toutes les choses de ce monde, que la danse
même est devenue une science exacte. Nous n'aurions
point de métaphysiciens, qui ont pénétré si avant
dans *les principes*, qu'ils savent pourquoi ils agissent, se meuvent, et pourquoi ils vont plutôt d'un
côté que d'un autre ; qui savent précisément en quoi
l'homme diffère de la bête ; qui disent enfin des
choses si sublimes et si relevées, que nous ne savons pas, bien souvent, ce qu'ils disent. Nous n'aurions point de physiciens, qui font des systèmes ;
qui tantôt vitrifient la terre, et tantôt la composent
de coquilles d'huîtres : point de chimistes, qui dis-
posent des élémens à leurs fantaisies ; qui font cuire

tout ce qui les entoure, mettent tout en *combustion*, et semblent aspirer au titre de *grands cuisiniers de la Nature*; qui ont trouvé le gaz *oxigène*, qui est *invisible*, *inodore*, *élastique*, et qui est *beaucoup plus sain que l'air atmosphérique*; le gaz *azothique*, qui a la propriété d'étouffer très-promptement les hommes, les animaux, et d'éteindre subitement les bougies; le gaz *nitreux*, qui est encore plus actif, et qui ne fait grâce un moment qu'aux grenouilles et aux limaçons; le gaz *hydrogène*, qui est très-pur, quoiqu'il soit produit ordinairement par la putréfaction animale; le gaz *hépatique*, *acide-carbonique*, *muriatique*, et autres gaz. Nous n'aurions point de ces mêmes chimistes, qui décomposent l'eau, et qui ont découvert qu'elle n'était point une substance élémentaire, mais bien une composition, une espèce de *tisane*, composée vraisemblablement de drogues et d'agrégations étrangères; ce que l'Être-Suprême ne savait pas lui-même, je l'avoue. Enfin, nous n'aurions point de moralistes, qui ont tellement moralisé, prêché et éclairé l'homme, qu'ils ont achevé l'œuvre du Créateur, et en ont fait un animal parfait en tout point.

Je ne m'étendrai pas davantage sur cette considération importante, qui doit venir efficacement à l'appui de ma cause. Vous ne pouvez nier les obligations que vous avez à ma partie, et vous n'imiterez point ces enfans ingrats qui, une fois enrichis et puissans, ne veulent plus reconnaître leurs pères. Il est de fait que, sans celui pour qui je parle, vous seriez encore confondus avec les plus grossiers élémens, et enfoncés dans la nuit du chaos; au lieu d'être tranquillement dans vos cabinets, d'où vous répandez la lumière à votre tour, à l'imitation du Soleil.

Conclusions.

Je conclus, Citoyens, à ce que vous veuilliez bien pardonner à l'Être-Suprême tous les torts qu'il peut avoir eus, et tous ceux qu'il pourrait avoir par la suite; à ce que vous lui accordiez votre protection sur la terre, en sorte qu'il y puisse avoir toujours des autels comme à son ordinaire, sauf à lui de partager avec vous, à l'amiable, l'encens des mortels.

Je conclus à ce que vous accordiez à ma partie un brevet d'invention, qui lui garantisse à jamais la gloire d'avoir seul travaillé au grand œuvre de l'Univers, et qui prévienne à l'avenir toutes les contrefaçons d'icelui.

Je conclus à ce que vous daigniez quelquefois vous mettre à genoux, comme nous, devant l'Être des êtres, pour confesser que, malgré votre titre éminent de rois des animaux, vous ne laissez pas de paraître un peu petits devant lui; je veux dire seulement que vous faites très-peu de volume.

Je conclus à ce que vous fassiez de très-expresses inhibitions et défenses à vos écoliers, prévôts de salle, et autres apprentis Philosophes, d'injurier grossièrement ma partie dans leurs pamflets et discours, avec injonction d'être plus circonspects, sous peine de tous dépens, dommages et intérêts.

Je conclus, enfin, à ce que vous ordonniez que le jugement à intervenir soit affiché dans les quatre parties du monde, et gravé sur un zodiaque, afin de lui assurer au moins quinze mille années d'existence.

Ceci fait, et mes conclusions adjugées, je ne cesserai de faire des vœux pour la gloire et la conservation de vos Majestés Philosophiques.

N. B. Il est minuit : les membres du tribunal se retirent à la Buvette, où ils vont mûrir leurs opinions et libeller le jugement.

TRIBUNAL DE LA PHILOSOPHIE.

Continuation de la cause de l'Etre - Suprême.

SÉANCE IV.

C'EST en vain que nous voudrions dissimuler que l'affaire de l'Etre-Suprême fait le plus grand bruit, et que son issue a donné les plus vives inquiétudes. On a craint que les étoiles de toutes grandeurs ne profitassent du moment où le maître de l'Univers était en état d'accusation, pour se mettre en pleine insurrection contre lui. Un astronome de nos amis avait augmenté nos alarmes, en nous annonçant que les étoiles de la voie lactée avaient l'air de se réunir en club. Chaque jour, nous craignions que le Soleil n'osât plus se montrer : tant on en avait dit du mal au tribunal de la Philosophie, et tant il avait de raisons de croire que son tour était venu d'être proscrit ! Tout dernièrement, à Saint-Germain-en-Laie, une montagne s'est écroulée ; une église de la rue Saint-Jacques, où se

trouvaient entassés quelques ouvrages anti-philo-
sophiques, est tombée avant-hier en ruines ; les
inondations et les orages qui ont failli ensevelir
l'Europe, ces temps derniers, semblaient annoncer
un grand fonds de mécontentement dans les élémens, et une disposition évidente à secouer le joug
de l'Etre-Suprême : heureusement que tout s'est
passé sans de plus grands désastres, et que la
Nature n'a pas beaucoup souffert de cet inter-
règne !

Les débats qui ont eu lieu à la Buvette du tribunal, et qui ont été fréquemment arrosés de vin
de Champagne, ont été très-vifs, comme on le
pense : plus d'un membre voyait deux Soleils, et
inclinait au système double du manichéisme. La
discussion a été sur-tout très-animée, quand on en
est venu à délibérer sur la question de savoir qui
a créé le monde : l'un voulait que ce fût Epicure,
par le moyen de ses atomes crochus ; un autre
soutenait que c'était Héraclite, qui avait tout fait
avec du feu ; un troisième en donnait tout l'honneur à Démocrite, qui avait tout fait avec de

l'eau ; quelques-uns prétendaient que l'auteur de Telliamed avait fait le monde avec quelques douzaines d'huîtres vertes ; selon les autres, Buffon l'avait composé de quèlques éclaboussures du Soleil ; quelques membres, qui penchaient vers l'athéisme, soutenaient ouvertement que le monde était un ouvrage anonyme. Enfin on a été aux voix, et voici le jugement qui a été rendu.

<div style="text-align:center">~~~~~~~~~~~~</div>

JUGEMENT

*Rendu par le Tribunal Supérieur de la Philosophie, sur le plaidoyer du cit. B**, défenseur officieux de l'Etre-Suprême.*

Nous Membres composant le tribunal supérieur de la Philosophie, assemblés en conseil extraordinaire sous la voûte du ciel, à deux heures de relevée, après avoir entendu le cit. B**, homme de loi, fondé de pouvoir et défenseur officieux de l'Être-Suprême, faisant droit sur ses conclusions, avons décidé et décidons ce qui suit :

La partie de B** est défÿnitivement gardée et maintenue dans la paisible et entière jouissance du titre d'Être-Suprême, que nous lui avons octroyé dans nos précédens jugemens, pour s'en servir exclusivement, avec défenses de se qualifier de *bon Dieu*, d'*Eternel* ou de *Seigneur*, tous noms et qualités qui demeurent proscrits à perpétuité par les présentes.

Ledit Être-Suprême est déclaré seul auteur et compositeur de la grande machine appelée le monde : il lui sera délivré, en conséquence, un brevet d'invention, au moyen duquel il pourra poursuivre les contrefacteurs par-tout où besoin sera, et les faire condamner en tels dommages et intérêts convenables.

Il continuera de faire sa résidence ordinaire dans la plus haute région du ciel, et de faire marcher sa machine suivant les lois de l'attraction, de la gravitation, de l'équilibre, et autres, qu'il a établies dès le principe. Nous l'autorisons néanmoins à faire tous les changemens et les réparations qu'il jugera nécessaires, pour prévenir la dissolution de ladite machine, c'est-à-dire, la fin du monde, à laquelle nous déclarons que nous nous opposons formellement.

Il ne s'immiscera en aucune manière dans les affaires du globe terrestre, si ce n'est pour le faire rouler à la manière accoutumée, une fois par an, autour du Soleil, et le faire tourner sur lui-même en vingt-quatre heures, et dans l'espace de neuf mille lieues seulement.

Nous nous réservons spécialement, en tant que de besoin, le gouvernement spirituel de l'espèce humaine, la faculté de composer des systèmes à cet effet, et de faire sur elle toutes les expériences politiques que nous aviserons bonnes être, soit pour son bonheur sur la terre, soit pour notre amusement particulier.

Nous nous réservons, de plus, pour nos menus plaisirs chimiques, la pleine et entière jouissance des élémens, à l'effet principalement de fabriquer des gaz *oxigène*, *azothique*, *nitreux*, et autres, et de tout bouleverser à notre fantaisie, au moyen de la combustion.

De plus, la faculté de fouiller à volonté dans les entrailles du globe terrestre, et d'y pratiquer des puits de toute profondeur, pour *y chercher la Vérité*, c'est-à-dire, de petits morceaux de minéraux ou d'argile, pour les ranger méthodiquement dans nos cabinets.

Au moyen desdites réserves, ledit Être-Suprême

Jouira de toutes les prérogatives dûes à son rang, en tant qu'elles ne blesseront, en aucune manière, les droits et l'amour-propre légitime de la Philosophie, qui veut bien lui pardonner toutes ses fautes et ses erreurs, en considération de sa soumission et de son repentir.

Il sera seulement, et sans autre cérémonie, chanté deux ou trois hymnes, par an, en l'honneur de l'Être-Suprême, avec accompagnemens, *ad libitum.*

Fait et prononcé, sous la voûte susdite, par Nous, Philosophes Supérieurs, l'an six mille du monde.

Signé : Mercier, *Président ;*

Lalande, *Secrétaire.*

Le Président a fait lecture du jugement à l'Être-Suprême, et lui a notifié qu'il avait trois jours pour se pourvoir en cassation.

TRAITÉ DE PAIX

ENTRE

LA RELIGION et LA PHILOSOPHIE.

ARTICLE PREMIER.

Il y aura, à l'avenir, paix, amitié et bonne intelligence, entre la Philosophie du dix-huitième siècle et la Religion catholique, à compter du premier janvier prochain, mil huit cent deux, *vieux style.*

ART. II.

La Philosophie s'engage à n'être plus si orgueilleuse, si fière, si dogmatique, et à se tenir dans les bornes de la modestie.

ART. III.

Elle s'abstiendra du jargon métaphysique, qu'elle ne cesse d'employer à tout propos. Elle ne s'enfoncera plus dans le labyrinthe des définitions et des abstractions, dont elle ne sort jamais qu'à sa honte, et au grand scandale du bon sens et de la raison.

Elle ne remontera plus aux *causes premières*, aux *principes fondamentaux*. Elle ne se donnera plus la peine de créer le monde ; et elle ne dira plus, d'après un zodiaque trouvé en Egypte, que le monde a quinze mille ans, sans *compter les mois de nourrice*.

A r t. I V.

Elle renoncera, comme elle renonce par ces présentes, au culte de la Nature, à l'athéisme, et autres erreurs dangereuses. Elle ne traitera plus de fanatiques et d'imbécilles ceux qui vont à la messe et qui croient à l'évangile.

A r t. V.

Elle ne se mêlera plus de gouverner l'espèce humaine, et de faire des innovations politiques. Elle ne fera plus, dans son cabinet, des lois géométriques, qui seraient bonnes, tout au plus, pour gouverner des morceaux de bois ou des marionnettes. Elle ne portera plus la règle, l'équerre et le compas, où il ne faut que la police et la force des gouvernemens.

A r t. V I.

La Philosophie confessera devant témoins, et à haute et intelligible voix, qu'elle a eu de grands torts avec le bon sens ; que toutes ses théories sont aussi ridicules qu'impertinentes. Elle avouera franchement qu'une Religion qui a déjà duré mille huit cent et deux ans, vaut mieux que des principes de deux jours, inventés par des échappés de collége et des habitués de cafés.

A r t. V I I.

Elle ne s'écartera plus des idées reçues, uniquement pour faire l'esprit fort. Elle ne dira plus de grands mots sur de petites choses. Elle n'inventera plus de termes baroques pour exprimer des idées plus baroques encore. Elle brûlera son dictionnaire néologique, pour reprendre celui de Richelet et de Vaugelas; et elle tâchera de parler français en France, si la chose lui est possible.

A r t. V I I I.

Il sera permis néanmoins à la Philosophie de s'occuper, dans son cabinet, pour ses menus plaisirs seulement, de métaphysique, d'astronomie, de chimie, de mathématique, etc., sans chercher à rendre ces sciences familières au peuple, qui n'en a que faire, et qui ne doit pas être détourné de ses travaux par des Philosophes, qui ont besoin de dîner, comme les autres hommes.

A r t. I X.

De son côté, la Religion catholique s'engage, à

toute occasion, à réparer les torts de la Philosophie, et à consoler les peuples que celle-ci a désolés. Elle ne prendra jamais que des moyens persuasifs et pacifiques, pour le maintien de sa sureté et de sa conservation. Elle ne s'immiscera, en aucune manière, dans les affaires temporelles des gouvernemens, si ce n'est pour prêcher la soumission et l'obéissance aux lois.

A r t. X.

Elle pardonne de toute son ame aux Philosophes qui l'ont accablée d'injures, et qui ont fait des efforts continuels pour la détruire jusque dans ses fondemens. Elle promet de ne pas se rappeler, à l'avenir, d'un seul mot de toutes les extravagances qu'ils ont débitées, et de les regarder simplement comme de *mauvaises têtes*.

A r t. X I.

Elle priera Dieu particulièrement pour les athées, qui se croient des bêtes, et qui ne se trompent que sur l'acception du mot ; pour les astronomes, à qui les merveilles de la création ne font pas reconnaître un Dieu, et qui ne voient pas plus de mérite dans l'organisation du monde, que dans celle d'une horloge ou d'un tournebroche.

Art. XII.

Les parties contractantes s'embrasseront franchement et cordialement sur les deux joues ; puis se reti-
reront chacune de leur côté, pour aller, par des
chemins différens, à un seul et unique but : LE
BONHEUR DE L'ESPÈCE HUMAINE.

Fait et signé à Paris.....

SUR LES LIVRES D'ÉDUCATION,

E T

SUR L'EMILE DE ROUSSEAU.

Tout ce qu'on écrit maintenant à l'usage de la jeunesse, commence à faire une masse de livres si considérable, qu'on ne sait plus à quoi s'arrêter, et qu'il faudra finir, probablement, par faire des éducations verbales ; ce qui serait beaucoup plus simple et sans doute beaucoup meilleur, que si on enfonçait dans la tête de cette pauvre jeunesse tout ce qu'il plaît à l'âge mûr de composer pour elle. C'est une chose remarquable que cette excessive tendresse pour les enfans, qui s'est emparée d'un si grand nombre d'écrivains, depuis environ cinquante ans. Ce qu'il y a de singulier en cela, c'est que ces maîtres d'école si tendres sont, pour la plupart, des célibataires, qui ne sont par conséquent amoureux que des enfans d'autrui : cela doit faire douter un peu de la sincérité de cet amour, lequel n'est autre chose, au fond, qu'une grande manie d'écrire. Cette fureur de l'éducation date évidemment du fameux livre d'*Emile*, qui a eu un si grand succès, et qui a si mal tenu ce qu'il semblait promettre en faveur de toute une génération naissante. Il a prouvé, trop clairement sans doute, que les hommes recherchent bien moins, dans un livre, l'utile que l'agréable, et se laissent toujours séduire par ses formes, sans réfléchir au fond des choses. Il n'y a aujourd'hui qu'une voix sur l'extravagance d'un système d'éducation fondé sur une nature purement idéale. Mais il y a un avantage si évident en littérature à dire éloquemment des folies, qu'il n'y a pas à balancer, pour le littérateur qui veut *percer* bien vîte, entre ce parti et celui de dire tout bonnement des choses utiles. Il est bien avéré que le citoyen de Genève n'aurait pas également réussi à nous proposer une éducation raisonnable et d'une exécution possible. Rien n'est plus encourageant que cet exemple, sans doute, pour ceux qui veulent absolument se faire maîtres d'école et précepteurs de nos enfans : aussi s'en présente-t-il un nombre incroyable qui, quoiqu'ils aient été assez mal élevés eux-mêmes, n'en savent pas moins tout ce qu'il faut faire pour bien élever les autres. Tous ne sont pas éloquens, à la vérité, comme l'auteur d'*Emile* ; et du moins il n'y a pas à craindre que leurs erreurs se propagent par la voie du style. Nous avons heureusement affaire, le plus souvent, à des écrivains qui ne sont pas coupables de ce côté-là, et dont nous sommes, tous les jours, dans le cas de voir et de proclamer l'innocence. L'empire et l'influence d'un beau style doivent paraître une chose bien singulière, quand on songe que le Philosophe genevois a pu réussir à faire un nombre immense de prosélytes et d'enthousiastes, en insultant à presque toutes les classes d'hommes, avec un mépris, une audace, quelquefois une brutalité sans exemple. Il a beau dire à tous les Rois qu'ils sont d'odieux tyrans ; aux princes, que la naissance est un préjugé ridicule et funeste ; aux prêtres, qu'ils sont d'indignes hypocrites, qui *avilissent le cœur de l'enfance avec leurs exhortations ;* aux gens en place, qu'ils sont des fripons ou des imbécilles ; aux bourgeois, qu'*ils ne sont rien du tout ;* aux laquais même, qu'ils sont les derniers des hommes, *après leurs maîtres ;* à toute l'Europe enfin, qu'elle est peuplée d'hommes qui ressemblent à *des bêtes féroces ;* toute l'Europe semblait répondre à tout cela, comme le valet de la comédie : Monsieur a toujours le *petit mot pour rire.* Toute l'Europe était dans l'enchantement, moins quelques hommes, bien clair semés, honteux d'avoir raison, et livrés, pour cela, à la dérision publique. Où était la cause principale de cet enchantement ? Uniquement en ce que les injures du Philosophe tombaient, avec une grâce charmante, à la fin des périodes les plus coulantes et les mieux arrondies ; en ce qu'elles étaient toujours

bien exprimées , sans embarras, sans amphibologie ;
et avec une telle clarté , qu'il n'y avait pas moyen
de les prendre jamais pour des complimens ; en ce
.que jamais , jusqu'alors , le genre humain n'avait été
outragé avec une telle force de raisonnement , avec
.une dialectique plus serrée et plus entraînante. Le
moyen , en effet, avec de tels prestiges, de ne pas
aller au cœur des bêtes les plus féroces !..... Il faut
convenir que celles dont il s'agit, tout en montrant
un fort bon goût pour les belles phrases et le beau
langage , donnaient cependant , en cette occasion ,
des preuves de quelque bonté. La *férocité* n'est pas
ordinairement aussi endurante.

Mais à quelle époque éclataient tant d'injurieuses
déclamations contre les systèmes reçus de l'éducation
publique et particulière ? Etait-ce à l'issue d'un
siècle barbare, sans génie, sans goût, sans politesse , etc. ? Etait-ce à une époque où on avait
perdu toutes les traces des bons principes, toutes
les ressources classiques nécessaires pour former les
hommes à la vertu, aux bonnes mœurs, aux sciences et aux beaux-arts ? Point du tout : c'était à l'issue du beau siècle de Louis XIV; siècle qui vivra
dans la mémoire des hommes, tant que le Ciel lais-
sera subsister en eux l'amour de tout ce qui est
bien, de tout ce qui a le caractère du vrai beau et

de la véritable grandeur : c'était à l'issue d'un siècle célébre par l'apparition d'une race d'hommes
remarquables par leur belle stature, comme par leurs
beaux génies ; toutes choses qui étaient bien loin,
sans doute, d'annoncer une race abâtardie et *dégé-
nérée entre les mains de l'homme.* Il est vrai que la
lumière de ce grand siècle commençait à pâlir sous
un règne nouveau, temps où écrivait notre réforma-
teur : mais qu'y avait-il alors de mieux à faire que
de raviver cette lumière ; que d'opposer à la dégé-
nération naissante, des exemples, encore récens, tirés
d'une des plus belles époques de la civilisation humaine ; que de rétablir dans toute leur pureté les
principes de cette éducation forte et austère qui avait
opéré de si grands prodiges, et qui n'avait laissé
aucune carrière vide de ces hommes supérieurs qui
font l'orgueil des nations ? N'était-ce pas le comble
de l'audace et de l'impertinence, que de dire, quand
on avait les écrits des Rollin, des Fénélon, des Jou-
vency, de tant d'hommes habiles à connaître l'enfance et à la diriger ; que de dire « que l'éducation
était encore un sujet tout neuf ; que l'art de former
des hommes était oublié ; qu'on ne connaissait point
l'enfance ; qu'on s'était toujours égaré de plus en
plus en l'étudiant ; que, pour bien faire, il fallait faire
tout le contraire de ce qu'on avait fait jusqu'alors ;
etc. »? Et qu'avait fait le nouveau maître pour devenir

si expert en éducation , si clairvoyant dans les in-
clinations de l'enfance ? Sa tendresse pour elle lui
avait-elle donné des lumières surnaturelles? Avait-il
fait sur ses enfans et les enfans d'autrui d'heureuses
expériences ? Du reste , au moment où il écrivait, la
société était-elle assez avilie , assez malheureuse ,
pour qu'il y eût besoin d'y introduire de petits ours ,
qui , malgré leurs talens en menuiserie, n'auraient
pu être bons qu'à eux-mêmes , et qui, avec leur
instinct naturel , se trouvant toujours en opposition
avec l'homme civilisé , ne pouvaient qu'entraîner
la dislocation de la société ?..... Mais qu'importait
cette dislocation, pourvu qu'on eût un beau livre ?
Qu'importait le sort des générations, pourvu que les
amateurs de périodes fussent contens ?.... Heureusement les bons livres classiques reprennent enfin le
rang qui leur est dû ! On peut admirer un moment
l'éloquence insolente et les brillans paradoxes
d'*Émile :* mais on donne toute son estime , toute
sa confiance au *Traité des Études* du savant, du
sage et modeste Rollin ; on reconnaît, par exemple ,
un véritable ami de l'enfance dans l'homme qui
s'exprime , ainsi qu'il suit , d'une manière si touchante
et si religieuse , dans l'Avant-Propos de ce même
ouvrage.

« Il ne me reste , dit-il, que de prier Dieu , dans la

main de qui nous sommes, nous et nos discours, de vouloir bénir mes bonnes intentions, et de rendre cet ouvrage utile à la jeunesse, dont l'instruction m'est toujours chère, et me paraît faire encore partie de ma vocation et de mon devoir, dans le tranquille loisir que la Providence m'a procuré. »

Voilà de ces phrases qui, selon nous, reposent l'esprit de l'homme de bien, si long-temps troublé par des rêveries inquiètes et turbulentes, par la folle sagesse et la cruelle *humanité* de quelques écrivains, si habiles dans l'art de bien dire, si experts dans le mécanisme des mots au préjudice des choses, et voulant, à tout prix, être des prodiges dans l'art de discourir, au risque d'être des monstres en morale, en politique, etc.

DIALOGUE

ENTRE

UN COMMENTATEUR et UN ABRÉVIATEUR.

L'Abréviateur.

Bonjour, mon cher monsieur ; je suis bien aise de vous revoir, après vous avoir perdu de vue depuis un assez grand nombre d'années. Dites-moi un peu quel métier vous faites sur le pavé de Paris, pour être aussi gras et aussi bien portant.

LE Commentateur.

Mon cher, je me suis fait homme de lettres, prêt à vous servir. Je n'avais pas d'abord un genre de talent bien décidé, et je ne savais pas trop dans quelle partie de la littérature je devais entrer pour avoir quelques succès. Je m'imaginai, un beau matin, de me faire Commentateur, c'est-à-dire, de faire des livres sur d'autres livres ; de m'emparer des œuvres d'autrui pour les augmenter, les alonger, les nourrir et les engraisser de mon mieux ; de dire, enfin, tout ce qu'on a laissé à dire, et de compléter ainsi tous les ouvrages laissés imparfaits par la timidité ou l'impuissance de leurs auteurs. Mais dites-moi, de votre côté, quel métier vous faites, pour être si maigre et si décharné.

L'Abréviateur.

Et moi aussi je suis homme de lettres ; mais j'ai suivi une route toute contraire. Vous alongez les livres, et moi je les raccourcis : je ne leur laisse, pour ainsi dire, que la peau et les os ; j'en fais de petites miniatures, qui ne sont qu'esprit, quintessence et fleur. Je débarrasse ainsi les lecteurs, des longueurs, des inutilités, des lieux communs, des remplissages, dont ils sont si souvent rebutés : ainsi, avec quelques traits de plume, c'est-à-dire, avec de simples ratures, je suis devenu un écrivain distingué, et j'ai pris une assez jolie petite place dans la république des lettres.

Le Commentateur.

J'espère que vous n'avez pas la prétention de vous asseoir tout-à-fait à côté de moi dans cette république, si toute votre fonction s'y borne à raturer les livres et à les réduire à rien.

L'Abréviateur.

Comment, monsieur ! mais je m'assiérai un peu

au-dessus de vous , si vous voulez bien : car, enfin , où est le mérite de se traîner sur les idées d'autrui, de les délayer , de barbouiller cinquante pages sur une ; de rechercher toutes les idées analogues à un sujet, pour en faire une masse d'idées et d'écritures à ne plus finir ; de ne rien laisser à penser au pauvre lecteur , de le traiter comme un imbécille, à qui il faut tout expliquer , et dont il faut mâcher, en quelque sorte , tous les morceaux ; de faire concourir toute la Grèce, tout l'Empire Romain, à l'explication de la chose la plus simple, la plus connue ; de remuer enfin toute l'antiquité, à l'aide de quelques dictionnaires , pour le seul plaisir de faire un *in-folio ?*......

LE COMMENTATEUR.

Me direz-vous quelle espèce de mérite il peut y avoir à raturer, morceler, abréger un livre ; comme si , en littérature , un livre pouvait être trop gros, trop épais et trop lourd ? Faut-il beáucoup d'imagination pour détruire ce que d'autres ont imagiué, et pour faire d'un corps gras et replet un squelette décharné et hideux ?

L'ABRÉVIATEUR.

Quoi, malheureux ! vous ne concevez pas combien il faut de tact, de jugement , de discernement , de finesse et d'esprit, pour faire choix de tout ce qui est bon dans un livre ; pour rejeter ce qui est mauvais ou ce qui est faible ; pour montrer un auteur dans son brillant, dans sa plus grande parure, et pour cacher avec soin ses haillons et son côté faible, car ils en ont tous, et ils sont trop heureux de trouver des Abréviateurs, des hommes de génie, qui se chargent de les faire passer sans tache à la postérité.

LE COMMENTATEUR.

On fait croire tout cela à des *lecteurs bénévoles*, dans une préface : mais ce n'est pas à moi que vous pourrez en imposer sur votre genre de talent. Vous êtes hors d'état de concevoir combien il faut de génie, de fécondité, pour trouver encore quelque chose à dire, après les ouvrages qui semblent les plus prolixes et les plus verbeux ; pour enrichir, à tous momens, la littérature de quelques pages nouvelles, auxquelles elle ne s'attend point, et dont elle croit n'avoir pas besoin, dans l'extrême opulence dont elle jouit ; pour répéter, cinquante fois, la même chose avec le même succès.....

L'ABRÉVIATEUR.

Pour moi, je n'ai jamais pu lire un commentaire quelconque, sans bâiller jusqu'aux oreilles, et de manière à avaler dix langues, si je les avais eues.

LE COMMENTATEUR.

Pour moi, je n'ai jamais pu jeter les yeux sur un abrégé, sans éprouver un mouvement d'horreur et de pitié, comme à l'aspect d'un malheureux à qui on aurait coupé les bras, les jambes, le nez et les deux oreilles.

L'ABRÉVIATEUR.

J'ai toujours regardé un Commentateur comme une espéce de bavard insupportable, qui abuse de la permission qu'on a de barbouiller du papier, et à qui on devrait défendre de commenter, comme on a défendu de plaider à Mme la comtesse de Pimbêche.

LE COMMENTATEUR.

J'ai toujours, en mon particulier, comparé un Abréviateur à un mauvais officier de santé, qui taille, coupe et tranche *ab hoc et ab hac*, sans s'embarrasser s'il attaquera quelque partie noble du corps humain, et fera périr ses malades dans les opérations. Vous conviendrez qu'on ferait un acte d'humanité, en traitant un pareil officier comme un assassin, ou tout au moins en lui arrachant bien vîte son scalpel, sa lancette, ou son bistouri. Que si vous n'êtes pas content de cette comparaison, en voici une autre ; car j'ai toujours trente-six figures de rhétorique toutes prêtes sur quelque sujet que ce soit : vous êtes un méchant jardinier, qui faites périr tous les arbres qu'on vous confie, à force de les élaguer et de leur ôter des branches.

L'ABRÉVIATEUR.

Vous étouffez les vôtres, à force de leur laisser et de leur donner du bois; ou plutôt vous en faites des monstres, à force de les greffer et de les enter avec des plants parasites et étrangers.

LE COMMENTATEUR.

Vous êtes un cuisinier détestable, qui rendéz toutes les viandes fades et insipides, à force de les dégraisser, et qui faites mourir de faim les convives.

L'ABRÉVIATEUR.

Vous les faites mourir de réplétion et de gras fondu.

LE COMMENTATEUR.

Tais-toi, embryon, fétu, pygmée.

L'ABRÉVIATEUR.

Tais-toi, colosse, masse de chair, *monstrum et ingens*.

LE COMMENTATEUR.

Retire-toi, ou je te lance par la tête un commentaire que j'ai ici tout prêt.

L'Abréviateur.

Ah ! le scélérat ! tu voudrais abréger les jours d'un Abréviateur ! Voilà où tu triomphes ! Je sais bien qu'un commentaire est excellent pour assommer son monde. Je ne puis t'opposer des armes égales ; je n'ai, pour toute défense, qu'un *in-18* dans mon gousset, lequel *in-18* serait incapable de tuer une mouche : mais je me vengerai de manière ou d'autre ; et, si jamais tu composes un livre avec tes propres idées, je te réponds que je l'abrégerai d'une jolie manière.....

Le Commentateur.

Avec la fureur que tu as de détruire, il n'y a pas d'apparence que tu puisses jamais rien créer : mais tu ne seras pas, pour cela, à l'abri de mes coups; je commenterai jusqu'à ton silence.

LETTRE A M. CAVATINI.

JE vous envoie, mon cher Cavatini, mon opéra du *Désastre de Lisbonne*, que vous attendez depuis long-temps, et sur les paroles duquel vous m'avez promis de faire la musique la plus imitative ; car je sais que vous avez la prétention d'imiter même les plus grandes horreurs avec les chanterelles, les flûtes, les tambours, et autres instrumens que vous mettez en œuvre. Je vous dirai d'abord que j'ai eu une peine extrême à plier mes vers à votre fantaisie, à les couper d'après votre plan, et d'après la note que vous m'aviez donnée. Je ne vous cache pas que, pour arranger mon *Désastre* de manière à pouvoir supporter toutes vos gentillesses vocales et instrumentales, il m'a fallu en retrancher presque tout le sens commun que j'y avais mis d'abord. J'ai été obligé parfois d'employer un style un peu lâche, et d'être souvent un peu plat, pour la facilité de vos airs de bravoure, où vous exigiez des mots ronflans et sonores, sans vous embarrasser, en aucune manière, du sens de ces mots. J'ai bien senti aussi qu'il fallait ôter des chœurs tout l'esprit que j'y avais mis en premier lieu, parce qu'il est ridicule

que cinquante personnes disent à la fois quelque
chose de fin, de délicat et de spirituel. Il est déjà
bien assez ridicule qu'elles disent toutes, en même
temps, les mêmes paroles; car on sait bien que, dans
une foule quelconque, on entend toujours autant de
sottises différentes qu'il y a d'individus. Je n'ai pu
de même que laisser très-peu d'esprit dans tous les
morceaux destinés à être chantés en *duo*, *trio*, *qua-*
tuor, etc., parce qu'il faut que vous y fassiez répéter
vingt fois les mêmes paroles, et qu'il n'y a peut-être
rien de plus fâcheux au monde que des saillies rabâ-
chées : et, d'ailleurs, vous exigiez un choix de tous
les mots qui font le plus ouvrir la bouche, et qui
se terminent en *a*, en *i*, et en *o*; ce qui m'a singulièrement gêné. Bref, j'ai fait à la musique tous
les sacrifices que vous avez jugés nécessaires ; et vous
sentez tout ce qu'il a dû m'en coûter, pour vous
faire de petits vers bien écourtés, bien mesquins et
bien insignifians, au lieu de ces vers héroïques,
bien longs et bien cossus, où les idées sont au
large, si on peut le dire, et où je triomphe ordinairement. Mais, comme je pense que vous allez
vous appliquer à me couvrir et à m'étouffer sous
vos accompagnemens, je suis tranquille à peu près
sur ma réputation : le parterre ne pourra entendre
tout au plus qu'un dixième de mes paroles, et ne
pourra par conséquent siffler en moi que la dixième

partie d'un mauvais poète, à supposer le cas ; ce qui sera bien supportable sans doute, et me donnera un assez grand avantage sur les poètes dont on ne perd pas un mot.

Je suis cependant en peine, mon cher Cavatini, de savoir comment vous allez *imiter* mes tremblemens de terre ; car il y en a quatre ou cinq secousses dans mon opéra. Ferez-vous trembler la terre à trois temps ou à quatre ? en ton majeur ou mineur ? Les cris étouffés des mourans, l'éboulement des maisons, des clochers, l'effroi des habitans près d'être engloutis dans les précipices et les crevasses, seront-ils exprimés par des mouvemens *largo*, *adagio*, *andante*, ou par des mouvemens *allegro*, *presto*, *prestissimo* ? Ferez-vous dominer les instrumens à vent ou les instrumens à cordes ? Lisbonne périra-t-elle à grands ou à petits coups d'archet, par des coulés ou des détachés, etc. ? Je m'en rapporte à votre bon goût ; et je pense bien que, pendant toutes les horreurs que j'ai dépeintes comme j'ai pu dans ma poésie, votre orchestre ne plaisantera pas, et fera entendre la plus triste mélodie possible. Quant à l'harmonie nécessaire en cette circonstance, je ne doute pas que vous ne sachiez, au juste, quels sont les accords les plus propres à imiter le malheureux événement qui a eu lieu, en 1755, dans la capitale du Portugal.

J'imagine que vous emploîrez le moins possible l'accord parfait, et que vous tâcherez de déchirer de votre mieux les oreilles du parterre, par des dissonances horribles, que vous aurez soin de ne point préparer ni sauver ; par des transitions brusques dans les tons les moins analogues ; par toutes les licences enfin qu'inspire le vrai génie, qui a toujours été un peu licencieux : mais je vous recommande sur-tout le *duo* entre mes deux amans, qu'on entend chanter dans un souterrain où ils sont censés être enterrés vifs par l'effet du tremblement de terre. Cette situation est neuve sans doute : peut-être la trouvera-t-on un peu forcée. Il semble, au premier abord, que, quand on est sur le point de manquer d'air, et par conséquent de ne plus respirer, on ne devrait pas soupirer et roucouler de *tendres amours* avec accompagnement obligé : mais l'usage a pris force de loi, et on sait que la tendresse est consacrée, à l'Opéra, dans toutes les situations possibles. Je pense que vous mettrez celle de mes deux amans en *mi* ou en *si* bémol, qui sont deux tons fort tendres ; et que vous emploîrez, pour accompagner, les instrumens les plus sourds et les sons étouffés, qui seront assurément très-imitatifs dans la circonstance. Quant à votre récitatif, vous savez qu'il doit être généralement lourd, monotone et ennuyeux, pour faire ombre au tableau, et pour faire ressortir vos airs. Sur ce point , je m'en fie à vous de tout mon cœur.

Je ne vous parle pas des airs de ballet. Vous serez étonné peut-être qu'il y ait des ballets dans un si grand *Désastre :* mais j'ai été obligé , par considération pour le parterre de l'Opéra , de faire danser de temps en temps sur les ruines de Lisbonne , sans quoi je ne répondrais pas du succès de ces ruines. Il faut convenir que la plus belle musique *imitative ,* les plus beaux désastres imaginables , auraient bien de la peine à se soutenir, sans quelques petits sauts et quelques gambades par-ci par-là , sans quelques pas de deux ou de trois. J'ai donc ménagé de mon mieux quelques situations assez gaies, parmi toutes les horreurs qu'entraîne un tremblement de terre. Je pense que le public ne trouvera pas ces situations trop déplacées , trop tirées, comme on dit , par les cheveux ; et qu'il jugera que je n'ai pas trop mal fait *coïncider* les bals avec les enterremens. Vous me seconderez surement à merveille en cette circonstance, et je ne doute pas que votre musique imitative ne soit aussi gaie d'un côté que triste de l'autre.

Voilà , mon cher , ce que j'avais à vous dire en gros sur ce que vous avez à faire. Votre ouvrage va écraser le mien : cela est trop juste ; car la poésie est bien peu de chose devant la musique, et mon poëme sera le très-humble serviteur de votre partition. Cependant, quel que soit le succès de vos notes, je vous conjure de ne point vous laisser aller à un orgueil démesuré, comme cela est arrivé à quelques-uns de vos camarades. Je vous demande, en grâce, de ne pas vous croire tout-à-fait un grand homme, pour des *arpeggio* et des batteries que vous aurez arrangés sur les paroles d'un opéra. Songez, je vous prie, qu'une partition n'est pas un *monument*, selon l'expression d'Horace; et que, en tout cas, ces sortes de monumens ne sont pas toujours à la mode, comme le Louvre et Saint-Pierre de Rome, puisqu'ils finissent toujours, au bout de quelques années, et le plus souvent au bout de six mois, par être abandonnés ou méprisés; témoin les opéra de Lulli et de Rameau. Quand on parlera de votre *gloire* dans les feuilletons, tâchez de n'être pas trop glorieux; car le mot de gloire ne sera là qu'une dérision, une plaisanterie, ou un abus de langage. Figurez-vous bien que vous n'aurez pas sauvé la patrie, ni fait le bonheur de l'humanité, au moyen de quelques roulades et de quelques ritournelles. Certes, il y a de l'esprit et du mérite à trouver des chants agréables, et à les faire ressortir par une harmonie riche et brillante : mais, hélas ! ce ne sont là jamais que de très-petits badinages, dont on ne peut, en conscience,

vous tenir compte, comme d'une bataille gagnée,
d'un beau trait d'humanité, de grandeur d'ame, ou
comme d'une *Iliade* ou d'une *Enéide*.

Je n'ajouterai qu'un mot à cette lettre.... Que si,
par hasard, on venait à refuser les paroles et la
musique des *Désastres de Lisbonne*, ne pensez pas
que tout soit perdu pour cela, et que nous touchions
à la fin du monde. Je tiens de bonne part que le
monde a encore vingt bons mille ans à durer ; et,
d'ailleurs, il y a tout plein d'exemples de nations
qui ont subsisté assez long-temps et assez heureusement, sans avoir jamais eu dans leur sein de grands
hommes qui, comme nous, *font des paroles*, et qui
composent de la musique imitative.

DIALOGUE

ENTRE

UN POÈTE ET UN PHILOSOPHE.

LE POÈTE.

JE te salue, fils de Japet ; noble Créature, à qui toute la nature semble sourire ; Être sublime, que les Dieux ont placé à la tête des êtres, et qui règnes majestueusement sur la terre, comme l'aigle plane, dans les airs, au-dessus de tous les oiseaux...... Je te salue.

LE PHILOSOPHE.

Je te salue, animal à deux pieds, à deux mains, et sans plumes. Tu vois que je n'y cherche pas tant de façons pour saluer un homme. Fais-moi grâce de ton impertinent jargon, où il y a à peu près autant de sottises que de mots. Qui t'a dit que je suis fils de Japet ? Je n'en crois rien du tout. Je suis fils de Garguille, qui l'était de Paul, qui l'était de Jacques, et ainsi de suite jusqu'à l'infini. La nature ne me sourit pas plus qu'à un cheval ou à un mulet ; je ne règne sur rien , et je ne ressemble pas plus à un aigle qu'à une tortue ou une huître.

LE POÈTE.

Oh , justes dieux ! quel langage ! quelle abjection ! Qui es-tu ? Tu me parais un être bien singulier. Causons un moment, je te prie. Viens t'asseoir, pour cela , près de moi , sur ce banc de gazon , ombragé de lilas , de chèvre-feuille et d'acacias.....

LE PHILOSOPHE.

Je ne me soucie point de m'asseoir sur ton banc de gazon ombragé. Je reste sur ce petit tas de fumier , où je suis plus à mon aise et plus chaudement. Voyons , qu'as-tu à me dire ? Parle vîte , et tâche d'avoir le sens commun, pour que je puisse t'entendre.

LE POÈTE.

Je voudrais savoir pourquoi tu cherches à avilir ton être , et pourquoi tu as une imagination si sèche ; pourquoi tu ne vois pas, comme moi , tout ce qui t'entoure avec des yeux d'amour , d'espérance et d'enchantement.

LE PHILOSOPHE.

Parce que je ne suis pas un sot , et que je ne.

P

marche jamais qu'avec le flambeau de la raison et de la vérité.

LE POÈTE.

Dis-moi un peu ce que t'apprennent la raison et la vérité, avec leurs flambeaux.

LE PHILOSOPHE.

Elles m'apprennent que je dois crever, un de ces quatre matins, aussi bien que toi ; que nous serons enterrés, si nous mourons dans un pays un peu civilisé ; et qu'il ne restera rien de nous qu'un peu de matière, bientôt dévorée et confondue avec cette terre que nous foulons aux pieds.

LE POÈTE.

Miséricorde ! pour moi, je compte sur une fin plus noble et plus agréable. J'ai l'espoir de m'endormir paisiblement pour me réveiller dans les Champs Elysées, où je dois me promener éternellement avec Homère, Hésiode, Virgile, Ovide, et tous mes prédécesseurs, portant dans la main une branche de myrte et de laurier.

LE PHILOSOPHE.

Tu ne ressembleras pas mal à un imbécille, en te promenant ainsi éternellement avec d'autres imbécilles de ton espèce. Je te souhaite bien du plaisir dans ta promenade éternelle. En attendant que tu

fasses l'agréable aux Champs Elysées , je te verrai ,
sur ce globe terraqué , aux prises , comme moi et
les autres , avec la toux , la gravelle , la goutte , la
catalepsie , la paralysie , la rage de dents , la pierre ,
et les autres géntillesses de la belle nature.

LE POÈTE.

Grâce , ami , grâce pour mes oreilles ! Epargne-
moi ces termes affreux qui les déchirent , et qui flé-
trissent mon imagination riante et fleurie. Je dois
te plaindre de toute mon ame. Mais dis-moi , je
t'en prie , quelle est en ce moment ton occupation
ordinaire.

LE PHILOSOPHE.

Je me promène ordinairement avec un compas ,
une règle et un niveau ; je m'occupe à mesurer tout
ce que je rencontre. Je fais la décomposition de
toutes les productions naturelles ; je tâche de connaître leur véritable essence, et j'en tire des induc-
tions importantes.... pour la Philosophie que j'exerce.
Je lève ensuite les yeux au ciel: je compte les étoiles,
les comètes ; je suis la marche des astres ; je cherche
à déranger le système astronomique, à faire heurter
les corps célestes les uns contre les autres , de manière à opérer la fin du monde et un bouleversement
universel, que je desire de tout mon cœur. Je rentre

ensuite dans mon individu : je fais le calcul de tout ce qui s'y passe ; je sais le nombre de mes os, de mes nerfs, de mes fibres, de mes filamens, linéamens, boyaux, tuyaux, vaisseaux, oreillettes, côtelettes, etc...... Je fais le compte des opérations spirituelles de mon cerveau : j'ai compté que j'ai, par jour, environ quarante-huit sensations ou sentimens proprement dits, trente-six idées positives, et autant d'idées vagues et incohérentes, treize volontés qui se contrarient les unes les autres ; en tout, cent trente-trois mouvemens internes, qui constituent mon instinct, vulgairement appelé *ame*. Je calcule que, sur les vingt-quatre intervalles qui composent la révolution diurne du soleil, il y en a, en général, chez tous mes semblables, douze employés à faire l'essai du néant, c'est-à-dire, à dormir ; six employés en souffrances, douleurs, inquiétudes ; deux à remonter nos machines par les sucs nourriciers que nous préparons, avec nos dents et nos sucs gastriques, à descendre dans l'estomac ; trois en irrésolutions, en allées et venues indifférentes ; *une*, enfin, en espèce de convulsions ou sensations riantes, vulgairement appelées du *plaisir*........

LE POÈTE.

Il me semble que tu dois t'ennuyer à périr, avec de semblables occupations.

LE PHILOSOPHE.

La véritable science peut ennuyer tout le monde, excepté celui qui l'exerce.... Mais, à ton tour, quels sont tes travaux journaliers?

LE POÈTE.

D'abord, toùs les matins, je commence par sacrifier aux Grâces.

LE PHILOSOPHE.

On ne s'en douterait point, à te voir : tu as l'air d'un huissier, avec ton habit noir, tes manchettes sales, tes bas de travers, tes cheveux mal peignés, et ta plume fichée dans ton chapeau à trois cornes.

LE POÈTE.

Cela ne m'empêche pas d'être gracieux. Quand j'ai sacrifié aux Grâces, j'invoque Apollon, les Muses, et ma servante, que je salue du nom d'Hébé ou de Cypris. Après cela, je m'empare de toutes les fontaines, de tous les ruisseaux, de toutes les prairies, rochers, bocages et bosquets de la nature, ainsi que des orages, tempêtes, et autres accidens du globe. J'arrange le tout en lignes de douze syllabes chacune, que je choisis parmi les plus sonores et les plus harmonieuses. De tout cela, je compose de petits discours, qui causent un plaisir ravissant à ceux qui veulent bien prendre la peine d'y jeter les yeux ; et je suis si content de moi, après cette opération, que je me persuade que je ne mourrai point, c'est-à-dire, que les petits morceaux de papier que je laisserai après moi, dureront autant que les Alpes ou les Apennins, ou qu'ils survivront à la destruction du monde.

LE PHILOSOPHE.

Il faut que tu sois aussi bête qu'une oie, pour te persuader des choses pareilles, et pour passer ta vie à arranger des mots: mais je pense que tu n'es qu'un fou, et je suis trop bon de m'abaisser à raisonner avec toi. Il est tard, adieu; je vais me jeter sur ma couche, pour faire *l'essai du néant*.

LE POÈTE.

Et moi, quoiqu'on ne soupe plus, je vais souper avec Hébé, qui a une bouche de rose, un sein de lis, des dents de perles, des yeux d'azur, et des sourcils d'ébène; dont l'haleine a le parfum de la violette et de la tubéreuse, et dont les paroles sont plus douces que le miel du mont Hymette. Je vais être bercé délicieusement dans les bras de Morphée, qui m'entourera de songes, d'illusions et de chimères.....; et demain l'aurore.....

LE PHILOSOPHE.

Adieu, maudit bavard.

LE POÈTE.

Adieu, animal.

DISCOURS
D'UN PERROQUET

A MM. les Disciples de DIDEROT *et compagnie.*

JE suis chargé, Messieurs, de vous adresser aujourd'hui la parole au nom des Bêtes. Elles ont appris avec plaisir que, depuis quelque temps, vous avez pris la peine de faire leur éloge en plusieurs occasions. Vous avez établi, en principe, que les hommes nous ressemblent sous mille rapports ; que notre intelligence se rapproche beaucoup de la vôtre ; que notre instinct équivaut à votre raison ; que nous sommes pétris à peu près du même limon ; que, si la pâte qui vous compose est peut-être un peu plus fine et d'une organisation supérieure , nous trouvons, d'un autre côté , des avantages sensibles dans la grossièreté apparente de nos organes et de notre constitution ; enfin , votre maître a dit qu'entre lui et son chien , il n'y avait de différence que l'habit.

Nous sommes extrêmement sensibles , Messieurs, à toutes vos politesses. C'est une grande consolation pour nous, dans tous nos malheurs, que vous ayez la bonté de nous assigner une place honnête à côté de vous, et que vous ne dédaigniez pas de fraterniser, en quelque manière, avec les autres animaux, qui s'empressent de vous en remercier par ma voix. Vous ne vous trompez pas sur notre compte, Messieurs : nous sommes en état de justifier vos éloges. Nous osons croire que nous ne vous ferons jamais déshonneur, toutes les fois que vous voudrez bien nous admettre dans votre société. Nous ferons de notre mieux pour y être aussi aimables et aussi honnêtes que vous, et pour ne pas être en reste du côté des égards et des procédés que nous vous devons.

Nous savons, au surplus, que plusieurs d'entre vous se font une espèce de scrupule de nous manger. Quoique vous aimiez assez notre chair, vous répugnez à y mettre la dent, par des principes de commisération dont nous sommes fort touchés. Vous voudriez ne vivre que d'herbes et de végétaux ; et nous savons positivement que ce n'est qu'à votre corps défendant, que vous vous approchez des bonnes tables couvertes de nos cadavres embrochés ou hachés en chair à pâté. Hélas ! vous nous mangez, quand vous ne pouvez faire autrement, et pour éviter les railleries insultantes des carnivores avec lesquels vous êtes obligés de vivre. Nous vous tenons bon compte de votre répugnance, Messieurs, et nous nous ferons honneur et plaisir de contribuer à votre nourriture, jusqu'à ce que vous puissiez parvenir à changer les appétits dépravés de la race humaine. Les Bêtes mettent en vous toute leur confiance. Vous êtes leurs pères, leurs frères, leurs amis temporels et spirituels. Nous nous jetons dans vos bras : nous espérons que vous viendrez à bout de nous affranchir de la honteuse servitude où nous sommes, et de nous rendre nos droits naturels sur la terre. Vous avez posé les principes ; les conséquences doivent s'ensuivre. Vous nous traitez d'égaux : vous nous apprenez le secret de nos forces, de notre intelligence : c'est à vous de mettre tous nos moyens en usage, et de nous rendre dignes de vous être associés en tout. Cela sera bien flatteur pour nous, Messieurs. Croyez que vous n'aurez pas affaire à des Bêtes ingrates, et que nous ne négligerons aucune occasion de nous montrer reconnaissantes.

Nous avons été toutes bien enchantées d'apprendre que vous ne croyez point en Dieu, et que vous n'avez point d'ames. Nous nous réjouissons de bon cœur de ce qu'une partie de vous-mêmes ne survit point à l'autre. C'était une bien grande mortification pour nous, je vous assure, de croire que vous étiez appelés, après votre mort, à une destination toute divine, tandis que nous ne sommes en effet appelées à rien qu'à engraisser la terre de nos dépouilles. Nous vous savons un gré infini de ce que vous avez bien voulu rabattre un peu la gloriole de ces hommes qui se croient au-dessus des chats, des hibous et des perroquets. Vous avez bien fait de chercher à les détromper, et à les amener aux sentimens d'humilité et aux idées de néant qui leur conviennent. Enfin, vous n'avez décidément point d'ames ; mais vous êtes des brutes fort intéressantes et fort respectables. Il est bien agréable, sans doute, pour nous, de n'avoir rien à vous envier, et de marcher pairs et compagnons avec des génies de votre trempe, avec des animaux de votre mérite. Laissons les sots et les orgueilleux se bercer des chimères d'une autre vie : quant à nous, rendons-nous justice. Mangeons, buvons, dormons, végétons et crevons ensemble, de bonne amitié : voilà tout ce que nous devons desirer.

Je suis bien charmé que ma race, c'est-à-dire, celle des perroquets, ait été avantagée, comme vous, de l'usage de la parole. Sans cela, je n'aurais pas eu l'honneur de servir d'organe à la reconnaissance des animaux, qui n'auraient pu la manifester que d'une manière bien imparfaite, en vous léchant les mains, ou en remuant la queue devant vous : cela n'eût point été suffisant , et n'aurait point contenté leurs cœurs. Je suis loin de croire que j'aie pu parler d'une manière digne de vous, et que j'aie mis dans mes expressions autant de sel et d'esprit que vous en auriez mis, sans doute, en pareille occasion. Cependant j'ose me flatter qu'avec le temps, qui perfectionne tout , comme vous savez, moi et les miens finirons par ne vous être point inférieurs dans l'art de parler. Au surplus, les fabulistes ont rendu depuis long-temps hommage à nos talens en tout genre. Croyez que , lorsqu'Esope , Phèdre , Pilpay , La Fontaine , et autres , nous ont fait dire les plus jolies choses du monde , ils ne nous ont rien fait dire de trop.... Je n'abuserai pas davantage de vos momens par mon caquetage. Continuez , Messieurs , de vous occuper de nous , dans vos heures perdues.

~~~~~~~~~~~~~~~~~~~~~~~~~~~~~~~~~~~~~~

NOUVEAU CATÉCHISME
DE LITTÉRATURE,

PAR DEMANDES ET PAR RÉPONSES,

A l'usage des Commençans.

DEMANDE. *Qu'est-ce que c'est que la Littérature?*
Réponse. C'est l'art de barbouiller beaucoup de papier blanc avec de l'encre incorruptible et indélébile, et d'en faire barbouiller davantage par des imprimeurs, avec une composition d'huile et de noir de fumée.

D. *Combien un honnête homme qui veut s'adonner à la Littérature, doit-il à peu près barbouiller ou faire barbouiller de papier chaque mois ?*
R. Environ trente ou quarante rames, soit en papier grand-raisin, soit en carré de Limoges ou d'Angoulême.

D. *Quel est le but principal de ce barbouillage ?*
R. C'est de faire fleurir les papeteries, les imprimeries, les librairies ; de divertir les hommes, de nourrir leur esprit, qui est presque toujours affamé d'instruction; et de se procurer de la gloire.
~~~~~~~~~~~~~~~~~~~~~~~~~~~~~~~~~~~~~~

D. Dans quel genre doit être noirci le carré de Limoges ou d'Angoulême, pour le plus grand plaisir et la plus grande instruction des hommes ?

- *R.* Il doit être noirci dans le genre romanesque, sentimental et mélancolique, en y mêlant un peu d'histoire, pour tempérer le genre et le rendre plus instructif.

D. N'y a-t-il point d'autre manière de se servir du papier, pour devenir un grand barbouilleur ?

R. Oui, sans doute : on peut s'en servir pour faire des poëmes épiques.

D. Qu'est-ce que c'est qu'un poëme épique ?

R. C'est un recueil de mots sonores et harmonieux, lesquels mots forment ce qu'on appelle des vers, lesquels vers forment ce qu'on appelle des chants.

D. Quelles sont les qualités essentielles d'un poëme épique ?

R. Il doit être très-long, et se laisser lire difficilement, comme tous les beaux ouvrages ; il doit être assez sublime pour se défendre contre le commun des lecteurs, et ne pas souffrir qu'on en puisse lire quatre pages de suite, sans se reposer et le laisser tomber des mains.

D. Combien y a-t-il de poëmes épiques en France ?

R. Il y a des personnes qui prétendent qu'il n'y

en a point : mais le fait est qu'il y en a environ dix mille , composés depuis dix ou douze ans.

D. Où sont ces poëmes épiques en ce moment-ci ?

R. Ils sont tranquillement couchés et rangés les uns sur les autres dans les magasins des libraires , d'où ils partent, petit à petit , pour aller à leur dernière destination , qui est.....

D. Fort bien. Nommez-moi , s'il vous plaît , d'autres genres de Littérature utile à la consommation du papier.

R. Nous avons la tragédie et la comédie , les pièces fugitives , les dictionnaires,..... les journaux.....

D. Quels effets doivent produire aujourd'hui les bonnes tragédies et les bonnes comédies nouvelles ?

R. Les bonnes tragédies doivent éviter de faire pleurer , et les bonnes comédies de faire rire ; toutes deux doivent s'attacher à exciter une mélancolie douce , une espèce de langueur qui invite à un doux sommeil.

D. Quelle est la meilleure tragédie et la meilleure comédie de nos jours ?

R. C'est, sans contredit, la tragédie d'*Abdélasis*, et la comédie de *Don Gofredo.*

D. Quel est le meilleur journal ?

R. C'est l'Athénée des Dames, qu'on trouve chez Buisson, rue Gît-le-Cœur, N.° 10.

D. Quelles sont les précautions que doit prendre un Littérateur, avant de lancer son papier en circulation ?

R. Il doit aller trouver les différens journalistes de la capitale, leur demander l'honneur de leur protection, et la faveur de quelques louanges dans leurs articles.

D. Que faut-il faire, quand les journalistes refusent de louer le papier d'un Littérateur, et font des articles défavorables ?

R. Il faut composer contre eux de bonnes comédies en deux actes, ou des préfaces où on prouve qu'ils sont grossiers et décourageans, etc.

D. Suffit-il d'avoir les journalistes pour soi, quand on veut faire réussir du papier barbouillé ?

R. Non, sans doute : il faut encore avoir pour soi quelques jolies femmes et quelques jolis garçons, qui forment une coterie, et qui se chargent de vous porter aux nues.

D. Quand un auteur a été porté aux nues par une coterie, que devient-il ?

R. Il retombe ensuite tout doucement.

D. Combien y a-t-il de Littérateurs sur le pavé de Paris ?

R. Environ six mille, parmi lesquels on compte quelques perruquiers et quelques cordonniers.

D. Comment sont-ils organisés ?

R. En république, invisible et impérissable.

D. Qu'entendez-vous par la république des lettres ?

R. J'entends un ordre de choses où tout se fait par écrit ; où on se dispute toujours sans s'entendre ; où on ne cède jamais ; où on se déchire régulièrement tous les jours ; où tout le monde court après le génie ; où on en attrape très-peu ; où l'on croit en attraper beaucoup ; où l'on se vole mutuellement de l'esprit ; etc.

D. Quelles sont les dispositions particulières qu'il faut avoir pour entrer dans cette république?

R. Il faut avoir une très-grande démangeaison d'écrire ; être né avec l'horreur du papier blanc, et l'amour excessif de la gloire ; être robuste et bien constitué, pour se tenir en état de mourir de faim, si l'occasion s'en présente.

D. Est-on obligé de dire quelque chose de nouveau en Littérature ?

R. Point du tout : il faut, au contraire, qu'un Littérateur ait l'attention de répéter tout ce qu'on a dit avant lui, en changeant seulement quelques mots, et en retournant les périodes à sa manière ; ce qui lui constitue un style particulier, à quoi on reconnaît facilement tout le papier qui sort de ses mains.

D. Quels sont les avantages d'un bon style ?

R. Un bon style fait passer les choses les plus répréhensibles et les plus dangereuses. Celui qui écrit parfaitement bien, est le maître d'en agir parfaitement mal avec les hommes ; et il a assez fait pour eux, quand il leur a procuré une lecture agréable. La postérité pardonne à toutes sortes de mauvaises actions et aux écrits les plus dangereux, en faveur d'un arrangement de mots, heureux et conforme aux conventions du goût et aux règles de l'art. Le style passe avant la vertu, la religion, les bonnes mœurs, la probité : on peut prêcher le pillage et la désorganisation de la société, pourvu qu'on mette à cela de l'élégance, de la correction, du nombre et de l'harmonie.

D. A quel âge peut-on être admis dans la république susdite ?

R. On peut y entrer dès le moment qu'on a été mis en culottes : ce qui ne veut pas dire que les culottes soient nécessaires, à la rigueur, pour la Littérature, puisque les femmes y sont également admises.

D. Les femmes y sont-elles de notre force ?

R. Elles sont même plus fortes que nous, sur-tout dans le genre romanesque, sentimental et mélancolique : il y a telles femmes qui ont employé plus de papier, plus d'encre, plus d'huile et de noir de fumée, que quatre hommes ensemble.

D. *A quoi mène directement l'emploi de toutes ces marchandises ?*

R. A l'immortalité.

D. *Que faut-il faire pour être immortel le plutôt possible ?*

R. Il faut d'abord mourir......

RECETTE

Pour faire, en peu de temps et à bon marché, un PHILOSOPHE *de première qualité.*

PRENEZ aux Enfans trouvés, ou dans une maison de charité quelconque, un enfant de sept à huit ans : il ne tiendra à rien dans le monde, et les vieilles idées des familles ne le détourneront point de vos préceptes. Les affections de parenté peuvent, jusqu'à un certain point, mettre des entraves au développement d'un caractère philosophique. Choisissez-le sur-tout d'un esprit mutin, boudeur, hargneux, revêche, et d'un tempérament sec et bilieux. On peut prendre également parmi les tempéramens sanguins : mais il faut que la fibre soit forte, la tête carrée, l'œil tant soit peu enfoncé, l'angle facial bien ouvert, et les molécules organiques tellement disposées, que les matières que nous appelons combustibles, puissent dominer, et que le sujet soit presque toujours dans un état de fièvre. Gardez-le chez vous pendant quatre ou cinq ans ; plongez-le, trois ou quatre fois par jour, dans l'eau froide ; ne lui apprenez rien du tout, et faites en sorte que, si on le trouve dans une forêt, on puisse le prendre pour le sauvage de l'A-

veyron. La nature doit se développer elle-même.
Quand son intelligence sera ainsi formée, mettez
tous vos soins à empêcher qu'il ne soit abordé par
des servantes superstitieuses; ne souffrez pas qu'on
prononce devant lui, pendant deux ou trois ans,
d'autres mots que les mots: *nature*, *tolérance*, *per-*
fectibilité. S'il vous demande quel est l'être qui a
créé le monde, ayez soin de lui donner le fouet, et
de lui prouver, par ce raisonnement, que ses questions sont indiscrètes. S'il remplit bien vos espérances, il faut lui répéter, vingt fois par jour, que ce
monde auquel on s'obstine à ne donner que six mille
ans, en a plus de quinze mille, sans *compter les*
mois de nourrice, comme cela est prouvé par plusieurs zodiaques, connus depuis l'an passé: dites-
lui que la nature est une vieille coquette, qui cherche
à déguiser son âge; que les prêtres cherchent en vain
à lui mettre du rouge, pour la rajeunir; et que la
Philosophie lui a trouvé des rides qui annoncent évidemment sa caducité. Quand votre élève sera ainsi
préparé, gardez-vous de lui faire enseigner la langue
de Racine; faites-lui apprendre l'anglais, assez seulement pour qu'il puisse donner un nom à un petit
chien, ou lire, dans l'original, les productions de
Thomas Payne. Donnez-lui quelque teinture de géométrie, à l'aide de laquelle il fera son entrée dans
le monde.

Ayez l'œil à ce que les différens maîtres que vous lui donnerez, en agissent poliment avec lui ; qu'ils se gardent de le contrarier en aucune manière ; qu'ils se prêtent complaisamment à toutes ses fantaisies ; et qu'ils ne se fâchent point, lors même qu'il lui arriverait de leur arracher leur perruque, ou de leur donner des coups de pied dans les os des jambes. Au bout de six mois, ou d'un an au plus, retirez-lui tous ses maîtres, et chargez-vous du reste. Dites-lui que tout est bien en sortant des mains de la nature ; qu'il est très-bien lui-même ; que le meilleur eût été de ne lui rien apprendre, et de le laisser errer dans les bois : mais qu'il a fallu sacrifier aux idées reçues, et le mettre au courant de la société des hommes, parmi lesquels il est obligé de passer sa vie. Persuadez-lui qu'ils sont *libres* et *égaux* ; et, en lui expliquant comment ils se sont éloignés de leur nature, par *l'effet de la civilisation*, inspirez-lui de l'humeur contre tous ceux qui ont du mérite ou de la fortune. Faites-lui lire, tous les matins, un chapitre du Contrat Social : s'il ne le comprend pas, comme cela est possible, vous le lui expliquerez à votre manière, ou, ce qui est la même chose, à celle des publicistes de l'année mil sept cent quatre-vingt-treize, ou de l'année mil sept cent quatre-vingt-quatorze. Ensuite, pour le délasser de cette lecture abstraite, vous lui donnerez, après son dîner, un livre des Confessions de J. J. Rousseau, deux ou trois Lettres de la Nouvelle Héloïse, et une dixaine de pages du roman de Delphine, le tout pour commencer à ouvrir insensiblement son cœur à toutes les sensations libérales ; après quoi, vous le ferez passer à l'étude des œuvres des Philosophes de Copet et de Ferney. Faites en sorte qu'il apprenne par cœur, s'il veut bien avoir cette complaisance, les meilleurs chants et les meilleures tirades du poëme de la *Pucelle d'Orléans*, ainsi que les plus belles maximes et sentences philosophiques, éparses çà et là dans les quatre-vingt-onze volumes de notre colosse littéraire.

Quand son esprit sera un peu plus fort, vous lui administrerez les œuvres de Mably, de Condorcet, de Diderot, de d'Alembert, et la *Littérature considérée dans ses rapports avec les institutions sociales*, que vous trouverez, à bon compte, chez *Crapelet* ou chez *Maradan*. Ce dernier livre sera peut-être un peu fort pour son âge ; mais vous lui choisirez d'abord les chapitres les plus clairs, pour ne pas lui trop embrouiller la tête, et pour ne pas l'abymer tout-à-coup dans une trop grande mélancolie. Vous garderez le reste, pour l'achever, quand il en sera temps.

Aussitôt que votre jeune homme aura donné des

preuves non équivoques d'une perfectibilité profonde, engagez-le à faire, à l'imitation de l'auteur
d'Emile, et de l'auteur des Tourbillons, sa cour
à votre servante, pour qu'il prenne insensiblement
l'habitude de s'élever au-dessus des préjugés vulgaires.
Ne manquez pas de lui citer le grand nombre de
Philosophes du siècle dernier, qui ont dédaigné de
se reproduire par la voie du mariage.

Ceci fait, et les procédés ci-dessus exactement ob-
servés, *láchez* votre écolier dans le monde : vous
pouvez être persuadé qu'il y fera un éclat terrible,
et qu'il y sera un foudre de *Philosophie* et de *Principes*. Vous pouvez compter qu'il y renversera toutes
les vieilles *institutions civiles;* qu'il sera en état de
déraciner les préjugés les plus tenaces et les plus
invétérés ; qu'il sapera le fondement de l'*erreur*,
du *fanatisme*, et les bases de la religion chrétienne ;
qu'il se réunira à tous les grands hommes qui ont
juré d'*écraser l'infame ;* qu'il sera disposé à écraser
lui-même tout ce qui pourrait le contrarier ou le
gêner dans sa brillante carrière ; qu'il sera dans
le cas d'enfanter les systèmes les plus neufs, les
plus hardis, et de porter, dans toutes les questions,
la torche de la Philosophie ; qu'il ne *doutera* de
rien, excepté de la vérité de l'Evangile ; qu'il ne
sera embarrassé de rien, et qu'il embarrassera

tout le monde, par la sublimité de sa logique et de sa métaphysique ; qu'il sera un Philosophe, enfin, ... ou l'auteur de cette recette n'entend rien à l'éducation.

MUSÉE PHILOSOPHIQUE.

RÉCEPTION D'UN CANDIDAT.

J'ASSISTAI, il y a quelques jours, à une séance secrète d'un *Musée Philosophique*, qui est établi dans mon quartier. Je fus témoin de la réception qui y fut faite d'un Candidat Philosophe ; et voici l'interrogatoire préalable qu'on lui fit subir :

LE PRÉSIDENT.

Comment vous nomme-t-on ?

LE CANDIDAT.

Antoine, tout court ; parce que, n'ayant jamais connu mon père ni ma mère, je n'ai pu prendre leurs noms.

LE PRÉSIDENT.

C'est-à-dire, que vous êtes bâtard. Il ne faut point avoir l'air de vous en défendre, et en avoir honte : cela ne peut que vous faire honneur parmi nous, puisque tous les enfans naturels ont du talent. Quel âge avez-vous, mon cher enfant naturel ?

LE CANDIDAT.

Cinquante-cinq ans accomplis. Je suis entré dans mes cinquante-six, à la dernière chute des feuilles.

LE PRÉSIDENT.

Cet âge est un peu avancé pour un Candidat : mais n'importe ; on donne encore des espérances en Philosophie à cinquante-six ans. Avez-vous de l'esprit ? (*Le Candidat sourit.*) Ne vous gênez pas ; point de modestie : l'article quatorze de notre règlement la proscrit formellement de notre société.

LE CANDIDAT.

En ce cas-là, j'ai autant d'esprit qu'il soit possible d'en avoir, et je me crois un des Philosophes les plus spirituels de ce siècle.

LE PRÉSIDENT.

Ce n'est pas tout que d'avoir de l'esprit : avez-vous l'esprit fort ? avez-vous des principes à vous ?

LE CANDIDAT.

Si j'en ai ? belle demande !

LE PRÉSIDENT.

Voyons-en des échantillons.

LE CANDIDAT.

Premier principe. — Le hasard a tout fait. La matière, lancée en croix et pile dans l'espace, s'est organisée de mille manières par le frottement et le froissement.

Deuxième principe. — Il y a un premier moteur, mais dont tout le mérite est d'avoir donné la première poussée à la matière; après quoi, elle a été toute seule à ses fins, par les lois du hasard, comme je viens d'avoir l'honneur de vous le dire.

Troisième principe. — Je suis une bête et un animal par mon essence et ma nature. Si je tiens le haut bout de la chaîne des êtres, c'est parce que je suis le résultat des premiers frottemens de la matière, et que l'homme s'est trouvé le premier occupant sur la terre. Si le cheval eût été formé avant l'homme, les chevaux seraient, en ce moment, les régulateurs du globe terrestre.

Quatrième principe. — J'existe, et je n'existe pas. La matière qui me compose, appartenait, avant moi, à un autre individu; elle appartiendra, après moi, à un autre, et ainsi de suite. Il n'y a point de *moi* proprement dit, ou plutôt le *moi* est une fiction de l'esprit. Les compagnons d'Ulysse, métamorphosés en cochons, ne sont pas plus les compagnons d'Ulysse, que les cochons, revenus au premier état de compagnons , ne sont des cochons..... Je m'explique : si vous parvenez à me changer en cochon , je perds la mémoire du *moi humain* , et je suis totalement un cochon.

Cinquième principe. — Chaque animal porte en lui le germe ou le type de toutes sortes d'animaux. Je n'ai pas une particule animale qui n'appartienne à un autre être bête, en sorte que je puis dire qu'il y a en moi cent bêtes qui n'en sont qu'une.

Sixième principe. — La mort n'existe point. Il y a un principe de vie dans toute matière quelconque. La matière ne pouvant être anéantie, le principe de vie ne peut l'être. L'animal ne peut donc crever. Je ne crève point, je ne fais que me diviser. Toutes mes divisions conservant le principe vital, il en résulte que je n'en vis que mieux quand je suis divisé, puisque je vis en mille et mille parties, au lieu d'une. Or, l'action de crever n'est autre chose que l'action de se diviser : je suis donc immortel, comme homme, comme cochon, comme tout ce que vous voudrez.

Septième principe....

LE PRÉSIDENT.

C'est assez : il est tard, je vais aux voix.

(*Il se lève.*)

LE CANDIDAT.

Allez.

LE PRÉSIDENT, *ayant été aux voix.*

Vous êtes reçu Membre du Musée Philosophique , jusqu'au moment de votre *division* seulement, et à l'exclusion de toutes métamorphoses. Jurez d'être constamment attaché à vos principes et aux nôtres.

LE CANDIDAT.

Je le jure par tout ce qu'il y a de plus sacré.

LE PRÉSIDENT.

Vous oubliez qu'il n'y a rien de sacré.

LE CANDIDAT.

C'est juste. En ce cas, je jure purement et simplement.

NÉCROLOGIE.

La France vient de perdre un grand homme, sans qu'elle s'en doute ; et moi je viens de perdre un de mes plus intimes amis, par la mort du C. *Thomas Pagniodès,* dont on a sans doute entendu parler quelquefois. Le desir de faire savoir que quelques grands hommes ont une certaine amitié pour moi, ne me fait pas prendre la plume aujourd'hui ; je ne veux point faire parade de ma sensibilité, qui m'a déjà fait assez de réputation dans la république des lettres, puisqu'il n'y meurt pas une personne un peu considérable, que je ne m'attendrisse publiquement sur son sort, et que je ne verse quelques larmes sur sa cendre, bien que je ne la connaisse pas. J'ai un but plus utile sans doute ; c'est de rendre compte des derniers momens de mon ami, qui sont un véritable triomphe pour la Philosophie, de même qu'un exemple pour les Philosophes. Il est d'autant plus essentiel de donner de la publicité à ces sortes de choses, qu'il se forme maintenant contre nous une conjuration dangereuse, et que la religion chrétienne commence de toutes parts à cerner nos lits de mort, et à nous circonvenir, quand nous sommes à l'agonie, pour chercher à *surprendre notre raison.*

On saura que l'infortuné *Thomas Pagniodès* est tombé malade très-sérieusement, dans le courant de brumaire dernier. Il était attaqué, depuis quelque temps, de cinq ou six maladies assez graves, presque toutes causées par ses travaux et ses habitudes philosophiques. Un soir qu'il se trouvait assez mal, il fit approcher sa servante de son lit. Ma chère Marguerite, lui dit-il, je sens que je vais bientôt rendre mon corps à l'élément dont il est tiré ; je sens que mes atomes se désaccrochent, pour aller se convertir en *glaise*, en *craie*, ou en *ocre*, dont le règne végétal a besoin. La matière subtile qui compose mon ame, est sur le point de s'évaporer en fumée. Fais-moi le plaisir d'aller prévenir quelques Philosophes de mon quartier, de ma prochaine dissolution, afin qu'ils viennent observer cette grande opération de la nature, et qu'ils puissent rendre témoignage de la manière avec laquelle je vais me laisser mourir. Ah ! mon cher maître, s'écria Marguerite, ne serait-il pas mieux d'aller prévenir M. le curé de votre paroisse ? Ne feriez-vous pas bien de mettre ordre à votre conscience, qui en a grand besoin, et de recourir enfin à la miséricorde divine par une confession générale de vos péchés ? A ces mots, *Thomas Pagniodès* se leva furieux sur son séant, et, saisissant sa table de nuit, la lança si violemment à la tête de sa pauvre servante, qu'elle tomba baignée dans son sang.

J'entrai chez mon ami, au moment de cette scène tragique ; je lui demandai compte de ce qui se passait. Mon cher ami, me répondit-il, je viens d'assassiner ma servante : quand tu sauras mes raisons, tu n'en seras pas étonné. Je lui ai peut-être rendu un très-grand service, sans le vouloir ; car, si elle meurt du coup que je lui ai porté, je lui aurai procuré une mort philosophique, au lieu d'une mort chrétienne qu'elle aurait surement faite un jour. Croirais-tu qu'elle m'a proposé de faire venir le curé de notre section ? Je n'ai pu contenir ma juste colère, et j'ai recueilli assez de force pour me porter à un acte de violence. Je trouve, en effet, le trait un peu violent, lui répondis-je : Marguerite était coupable sans doute ; mais tu ne devais pas moins attendre d'une fille de cette trempe, et nous ne sommes point encore arrivés à cette époque où les servantes seront toutes des esprits forts, comme la cuisinière de d'Alembert. Tu as raison, reprit *Pagniodès :* dans l'état des choses, je n'aurais peut-être pas dû assommer Marguerite. Tâche de la rappeler à la vie, si tu peux. — Je me hâtai effectivement de la secourir, et je vis avec satisfaction qu'elle respirait encore, et que la blessure n'était pas dangereuse,

Cependant l'état de mon ami devint plus inquié-

tant : son esprit se ressentit un moment de la faiblesse de son corps, et je craignis qu'il ne donnât
quelque scandale à la Philosophie. Je me hâtai de
le rappeler aux *Principes*. Je lui parlai de la *mortalité* de l'ame, du néant de l'homme, et je lui fis
quelques plaisanteries sur la religion chrétienne et
sur ses ministres. Il sourit, et cela me tranquillisa.
Je fis prévenir, comme il le desirait, quelques-uns
de ses amis, qui se réunirent à moi pour recueillir
ses derniers soupirs et ses dernières maximes. Nous
nous plaçâmes autour de son lit, et voici ce qu'il
nous dit, avec un sang-froid admirable, quoiqu'en
faisant quelques contorsions :

Citoyens, je vous prie de vouloir bien dresser un
petit procès-verbal de la mort que je vais faire au
milieu de vous. Il est essentiel de prouver au monde
que nous savons beaucoup mieux mourir que les
chrétiens, qui n'y entendent absolument rien. Ecrivez
que je suis mort comme Socrate ou comme Caton,
à votre choix, mes amis ; que j'ai constamment refusé
les secours spirituels du curé de ma section, pour
n'accepter que les vôtres, qui sont beaucoup plus
spirituels sans doute (vous pourrez ajouter à ce
propos que j'ai conservé assez de sens froid, au lit
de la mort, pour vous faire un calembour) : écrivez
que j'ai raisonné, à ma dernière heure, comme j'ai

R

toujours raisonné ; et qu'ayant le hoquet de la mort, je me suis enfoncé, avec vous, dans la profondeur de la plus haute métaphysique. J'espère, ajouta-t-il, que les prêtres me refuseront la porte de leur église ; j'en serai enchanté : cela vous donnera occasion de crier au *fanatisme*, à l'*intolérance;* et vous ferez, s'il vous plaît, promener mon corps dans les rues, afin d'ameuter quelques personnes, qui pourront peut-être opérer une petite révolution dans notre quartier. Voici, ajouta-t-il, une exhortation au peuple, que j'ai faite pour cette occasion, et dans laquelle j'invite les spectateurs à se mettre en insurrection contre les prêtres. J'ai marqué tous les endroits où il vous faudra applaudir, et les passages où vous jetterez les hauts cris. Vous ferez ensuite imprimer cette exhortation, et je suis bien trompé, si elle ne fait pas faire un pas de géant à la Philosophie.

Cet espoir me console : je ne regrette rien ; vous savez que les hommes sans Dieu sont sans famille et sans patrie. Ce n'est point par les affections et par les sentimens que l'homme est distingué de la brute ; mais, comme le disent les Philosophes modernes, par *la station bipède directe, et par l'ouverture de l'angle facial.* Après avoir appartenu au règne animal, nous passons au règne végétal : la suprême destination de l'homme est d'aller engraisser la terre dont il est sorti. Adieu, mes chers amis; nous nous reverrons sur le fumier, et ensuite dans les plates-bandes du jardin.

A ces mots, il s'arrêta un moment, son œil s'enflamma par degrés, et il reprit la parole pour faire une déclamation violente contre les prêtres, qu'il appela des *tartufes*, des *fanatiques*, des *cafards*, etc. Il expira au milieu de cette sublime colère. Comme il était beau dans sa fureur! Sa mort est un véritable triomphe pour la Philosophie. Il serait à souhaiter qu'il mourût souvent des Philosophes de cette trempe, pour donner l'exemple; le monde ne pourrait qu'y gagner.

Cependant tous les vœux du Philosophe *Pagniodès* n'ont pas été remplis : nous avons vu avec chagrin que son corps a été paisiblement reçu à l'église, et qu'il n'a pas été le sujet du plus petit mouvement parmi le peuple du quartier; ce qui n'est pas propre à avancer les affaires de la Philosophie.

On sait que les anciens Gaulois faisaient enterrer avec eux leurs esclaves; le C. *Pagniodès* a voulu faire enterrer avec lui les livres qu'il aimait le plus : il était couvert de brochures philosophiques, de la tête aux pieds; il semblait ainsi descendre chez les morts, armé de toute l'artillerie de la Philosophie.

Il avait donné l'ordre positif d'ensevelir dans son
cercueil le dernier roman de M.me *de Staël-Holstein*,
qui fait tourner la tête à toutes nos belles dames,
et les Œuvres Badines de Chénier, dont la gaieté
d'ailleurs ne fait pas un assez grand contraste avec
les idées du trépas. C'est dans cette disposition sur-
tout que se montre tout entier le génie du C. *Pa-*
gniodès. Il parlait sans cesse, pendant sa vie, de la
mortalité de l'homme et de ses ouvrages ; il a voulu
encore, à sa mort, s'environner des images du néant.

DIALOGUE

ENTRE

LA PROSE et LA POÉSIE.

LA PROSE.

Bonjour, ma sœur, je suis votre servante ; comment vous portez-vous ?

LA POÉSIE.

Juste ciel ! quel langage ! Au nom du ciel, au nom de l'harmonie, ne soyez point ma servante, et ne souillez pas votre bouche par des expressions grossières qui font horreur ! Pour moi, ô ma sœur ! salut trois fois, salut. Je te souris, comme la rose du matin sourit aux pleurs de l'aurore ; comme la nouvelle épouse à son époux, sortant radieux de son lit ; ou bien comme la jeune mère à son premier né.

LA PROSE.

Voilà qui est très-beau : mais, entre sœurs, il est un peu ridicule de se dire bonjour de cette manière.

Vous avez eu, toute votre vie, une affectation et une emphase risibles. Je vois bien que vous ne vous corrigerez point ; et vous vous croiriez déshonorée, je pense, s'il vous échappait une fois d'employer le mot propre dans vos discours.

LA POÉSIE.

Ah! fi donc ; votre mot propre est la chose du monde la plus dégoûtante : vous ne sortirez pas de votre trivialité et de votre abjection. En vérité, j'ai de la peine à croire que nous sortions de la même mère, et que nous ayons été élevées ensemble !

LA PROSE.

Savez-vous bien que je suis votre aînée, et que, sans me flatter, je crois avoir été mieux élevée que vous? Vous n'avez été, toute votre vie, qu'un enfant gâté, à qui on a fait croire qu'il avait beaucoup de génie ; et vous êtes partie de là pour extravaguer sans cesse, et pour vous croire autorisée à n'avoir pas l'ombre du sens commun, avec vos rimes, vos césures, vos hémistiches, etc.... Pour moi, j'aurais honte de me servir de toutes ces drôleries, de tous ces enfantillages qui coupent un discours en nombres égaux de syllabes, et qui arrêtent la respiration à chaque ligne. Je dis bonnement ce que je veux dire, dans l'ordre le plus simple, le plus naturel ; je ne me crois pas obligée d'employer la moitié de mon discours en lieux communs de remplissage , pour rendre l'autre moitié plus piquante ou plus sonore. Cependant je ne suis pas étrangère à l'harmonie du langage ; j'élève le mien , quand il le faut, à la hauteur des grandes idées. Je sais fort bien être poétique, quand il m'en prend fantaisie : mais ce n'est pas ce que je fais de mieux , et j'ai bien quelque honte d'avoir parfois fait la belle parleuse et la précieuse ridicule, à propos d'Histoire, de Mythologie, d'Astronomie ou de Mathématiques. Du reste , je vous pardonne volontiers toutes vos sottises harmonieuses ; pardonnez-moi ma *trivialité* et mes mots propres. Je ne demande pas mieux que de bien vivre avec vous. Veuillez descendre jusqu'à moi , toute vile que je suis , et causons de bonne amitié.

LA POÉSIE.

Hé bien , j'y consens ; aussi-bien je suis horriblement fatiguée de tous les efforts poétiques que j'ai faits depuis quelque temps : j'ai des vapeurs ; je suis malade ; je crains de prendre une maladie sérieuse ; je me sens une difficulté de vivre , comme disait mon ami Fontenelle ; j'ai quelquefois des vertiges , des éblouissemens , et alors je m'aperçois bien que je déraisonne un peu , que je perds le fil de mon discours , et que je ne sais plus où j'en suis.

LA PROSE.

Aussi vous ne vous ménagez point; vous travaillez comme une forcenée, sans jamais vous arrêter, et sans vous donner le temps de respirer et de prendre quelque nourriture solide. Vous ne buvez que de l'eau claire, et vous ne mangez que de la bouillie. Vous faites une quantité de vers effroyable, qui vous ruinent la santé et le tempérament. Vous en faites à tout propos, sur toutes sortes de sujets, sans consulter vos forces et vos moyens. Vous parlez de mille choses qui ne sont point de votre ressort, et qui ne vous regardent point. Je ne déséspère pas de vous voir un jour mettre en vers les ouvrages d'Archimède, d'Euclide, de Newton; et vous finirez sans doute par faire un poëme sur une ligne droite, une courbe, un parallélogramme, ou sur le carré de l'hypothénuse. Vous feriez sagement, en vérité, de vous tenir tranquille pendant quelque temps. Quand vous vous reposeriez un siècle ou deux, sans ouvrir la bouche, il n'y aurait pas de mal. Il y a dans le monde une provision de vers bien suffisante pour la consommation des hommes, et pour la nourriture de tous les esprits. Vous faites bien encore quelques beaux vers par-ci par-là; mais ils sont si beaux, qu'on a beaucoup de peine à les lire : d'ailleurs, ils sont quelquefois noyés dans une

si grande quantité de mauvais, qu'on se décide difficilement à se mettre à la nage pour les aller
prendre.

LA POÉSIE.

Que voulez-vous, ma sœur? il faut bien que je
m'occupe!, que je travaille. J'ai un besoin de parler
qui est plus fort que moi. Si je demeurais quelque
temps sans rien dire, je suis sûre que je serais plus
malade encore. D'ailleurs, je suis continuellement
sollicitée par tout ce qui m'entoure : la belle nature,
sur-tout, ne me laisse pas un instant de repos. Les
prés, les bois, les ruisseaux, les fleurs, les pierres
même, me demandent des vers. L'amour, l'amitié,
les héros, les belles, les bêtes, tout le monde se
mêle de solliciter mon talent. On me prie de *chanter*
par-tout : je n'aime point à me faire prier ; je chante
pour tout le monde, et je sens bien que je m'épuise
et m'égosille par procédé et par politesse.

LA PROSE.

Il n'y a pas de doute qu'avec cette extrême faiblesse qui vous fait céder à toutes les sollicitations,
vous ne deveniez bientôt la plus impitoyable bavarde
et la plus ennuyeuse chanteuse possible ; et il pourra
arriver un moment où on vous priera sérieusement
de vous taire : voilà tout ce que vous aurez gagné.

LA POÉSIE.

Mais vous, ma sœur, il me semble que vous ne vous reposez guère plus que moi, et que je pourrais vous faire les mêmes reproches. Vous avez parlé avant moi, et vous ne cessez de bavarder aussi depuis six mille ans. Ce que vous dites aujourd'hui ne vaut pas mieux, je crois, que ce que vous disiez dans le principe, ou plutôt vous ne faites que vous répéter.

LA PROSE.

Je conviens avec vous que je parle beaucoup et depuis long-temps : mais mes paroles sont un peu sans conséquence ; elles volent, comme on dit, et ne restent point. D'ailleurs, j'ai un tempérament très-robuste et une poitrine excellente. Je dis bien aussi quelques sottises : mais on ne les remarque pas comme les vôtres, ma sœur, parce que j'y mets moins d'affectation et de prétention ; parce qu'elles n'accusent point la gêne, le travail, la difficulté. Je ne demeure pas plusieurs jours et plusieurs nuits à composer un petit discours de quelques lignes, et du moins mes ouvrages valent ce qu'ils me coûtent. On ne se fatigue point à les lire, parce qu'ils sont ordinairement assez clairs ; et je ne vais point chercher dans le ciel ou dans les enfers des expressions divines ou diaboliques, pour dire que deux et deux font quatre. On n'exige pas grand'chose de moi, parce que je ne prétends pas à m'exprimer aussi élégamment que les dieux, quand je n'ai qu'à parler aux hommes : aussi les hommes me font politesse et honnêteté, tandis qu'ils s'éloignent souvent de vous, comme d'une trop grande dame qu'on ne se soucie pas de fréquenter, à cause de sa morgue et de sa hauteur..... Mais qu'avez-vous, ma sœur ? vous ne m'écoutez point, vous êtes distraite.....

LA POÉSIE.

Qu'aux accens de ma voix la terre se réveille !

Que vois-je !...... Qu'entends-je !.... Quelle divinité m'inspire !..... Quel transport divin m'anime !..... Juste ciel !.....

LA PROSE.

Vous voilà retournée à votre folie ordinaire.

LA POÉSIE.

J'ai des maux de nerfs affreux. Je sens que je fais une Ode..... Cela ne sera rien.

LA PROSE.

Comment, cela ne sera rien ! Vous avez des convulsions épouvantables ; votre figure est toute décomposée. Vous avez l'air de vouloir vous jeter sur moi comme une furie.....

LA POÉSIE.

Heureux qui, sur la molle arène,
Dans un pré plein de fleurs, lentement se promène!
Heureux qui, près d'une onde claire,
Assis auprès de sa bergère,
Peut fouler la verte fougère!

LA PROSE.

Je suis bien aise de vous voir un peu plus tranquille.

LA POÉSIE.

Je chante le vainqueur des vainqueurs de la terre.

LA PROSE.

Miséricorde! Quelle fureur de chanter!

LA POÉSIE.

O crime! ô honte! ô désespoir!....
Viens, approche, suis-moi dans la nuit infernale....
Pour qui sont ces serpens qui sifflent sur ma tête?....

Retenez-moi, ma sœur, je sens que je vais poi-
gnarder tout le monde; je vais égorger toute l'antiquité : j'en veux sur-tout à la famille d'Agamemnon.

LA PROSE.

Pour le coup, sa folie est complète.

LA POÉSIE.

. . . . Prenez-moi ce mouchoir,
Et cachez-moi ce sein que je ne saurais voir.

Que j'aime à voir ces hommages flatteurs
Qu'ici l'on s'empresse à me rendre!....
Achille à mes vœux inquiets
Ne s'offre point encore.

Il n'est qu'un mal, il n'est qu'un bien :
C'est d'aimer ou de n'aimer rien.

La faridondaine, la faridondon..... Lanladelirette, lanladeliri.....

LA PROSE.

Pour le coup, il n'y a pas moyen d'y tenir. Je me flattais en vain de la rendre plus raisonnable...... Ma sœur, je vous souhaite bien le bonsoir.

LA POÉSIE.

Adieu, ô la première née des amours de nos chastes parens! adieu. Puisse l'haleine des zéphyrs te caresser sans cesse, et se jouer dans les replis ondoyans de ta longue tunique ! Puisse la rosée du ciel t'humecter sans cesse à chaque aurore ! Puisse.... Je revole dans l'Olympe, où je suis attendue au banquet des dieux.

LA PROSE.

Bon voyage et bon appétit.

LETTRE D'AGAMEMNON

AUX POÈTES FRANÇAIS.

On ne peut plus douter aujourd'hui qu'il ne tombe toutes sortes de choses du ciel; et, puisqu'il en est tombé, il y a peu de temps, des petits pois verts, c'est une chose toute simple qu'il en tombe des lettres, comme celle qui suit. Je l'ai vue arriver, la semaine dernière; dans mon jardin. Elle enveloppait un morceau de granit, du poids de cinq livres, qui apparemment y avait été réuni pour la faire descendre avec plus de rapidité. Elle est descendue en effet très-vîte, si j'en juge par sa date, qui est du 6 frimaire dernier; ce qui ferait croire qu'il n'y a pas si loin d'ici aux Champs Elysées, qu'on veut bien nous le dire. Agamemnon, qui m'a fait l'honneur de m'écrire un mot en me jetant cette lettre, me charge de lui donner la plus grande publicité. Je ne puis refuser cette satisfaction à un homme qui a droit, sans doute, à quelques égards, par le rang qu'il a occupé autrefois dans la Grèce.

*AGAMEMNON , ci - devant Roi de Mycènes ,
Argos, et autres lieux, à tous les Poètes français.*

Je crois devoir prendre la plume , Messieurs, pour
vous supplier , tant en mon nom qu'en celui de toute
ma famille, de vouloir bien enfin nous laisser en
repos. Voilà , Dieu merci, assez long-temps que vous
affectez de nous imputer toutes sortes d'horreurs, et
de nous offrir continuellement en spectacle aux
Français. Je sais positivement que cela les ennuie;
et cela ne nous amuse pas, comme vous pouvez
croire. Nous ne demandons qu'à être oubliés, et il
serait bien temps que vous voulussiez nous accorder
cette grâce. Vous me feriez un véritable plaisir,
ainsi qu'à ma femme et à mes enfans, de disconti-
nuer les propos affreux que vous ne cessez de tenir
sur notre compte. Certainement nous avons pu
donner lieu autrefois à la médisance : mais ce n'est
pas une raison pour rappeler nos torts jusqu'à satiété , au bout de plusieurs mille ans , et pour nous
faire prendre à guignon aujourd'hui par tout le
monde. Passe encore , si vous étiez exacts , et si
vous n'enchérissiez pas sur l'histoire: mais vous nous
faites agir et parler comme il plaît à votre imagination ; et, de cette manière, il n'est pas difficile de
nous faire passer pour de vilaines gens, comme vous
avez déjà fait.

J'avais déjà à me plaindre de Jean Racine, qui d'ailleurs est un poète fort respectable, et que j'aime de tout mon cœur ; mais il m'a prêté aussi bien des choses qui m'ont fait de la peine. Par exemple : je n'ai jamais consenti, comme il l'a avancé, à ce qu'on sacrifiât ma fille Iphigénie. C'est une horreur dont j'étais incapable ; car j'aimais cette fille comme la prunelle de mes yeux, et je l'avais toujours préférée à mes autres enfans. Les Grecs me la firent effectivement demander par Calchas, qui leur avait insinué que ce sacrifice était nécessaire pour obtenir des vents favorables : mais je lui répon lis qu'il était un imposteur, un fou, de faire croire qu'en égorgeant mon enfant, cela donnerait du vent à la flotte grecque ; que jusque-là les dieux s'étaient contentés du sang des biches, et qu'ils s'en contenteraient encore, s'ils voulaient bien ; que, quant à moi, je ne donnerais pas une goutte du mien ; et qu'en tout cas, si on m'y forçait, je m'en vengerais sur le grand-prêtre. Voilà précisément ce qui se passa à cette occasion. Ma femme ni ma fille ne vinrent point dans mon camp, comme l'a dit le poète de la Ferté-Milon : ce n'était point, en effet, leur place ; et elles demeurèrent à la campagne que j'avais aux environs de Mycènes, pendant presque toute la durée du siége de Troie.

Il n'est que trop constant que plusieurs de mes enfans ont tenu une conduite condamnable, sous. bien des rapports : mais il est vrai de dire qu'on a trop souvent bavardé inconsidérément sur leur compte, et qu'on s'est plu à les noircir uniquement pour le plaisir des désœuvrés, qui aiment à entendre dire des horreurs du tiers et du quart. Oreste, mon fils aîné, a assassiné sa mère ; c'est une vérité. Il eut tort ; je ne cherche point à atténuer son crime : cependant il est bon de savoir qu'il avait absolument perdu la tête depuis quelque temps, comme il me serait facile de le prouver. Il avait eu, même dès sa première jeunesse, des accès de folie tels, que ma femme et moi avons souvent été obligés de l'attacher aux pieds de son lit, comme un enragé. Au surplus, il n'eût pas plutôt porté le coup mortel à sa pauvre mère, qu'il en eut des regrets affreux, malgré son état de démence. Il partit de là pour aller assassiner Pyrrhus, au moment de la célébration de son mariage avec la veuve d'Hector : mais il fut porté à cette vilaine action par Hermione, qui s'était tellement emparée de son esprit et de sa confiance, qu'il ne put lui refuser cet assassinat. On sait combien il s'en ressentit, et les maux de nerfs horribles que cela lui occasionna.

S

Mais j'en veux particulièrement au cit. Mercier ;
l'un d'entre vous, Messieurs, à cause de la tragédie
qui porte mon nom. Il a cherché, avec affectation,
à rendre ma femme odieuse à tout l'univers, et cela
m'a été très-sensible, je vous assure. Elle n'était pas
exempte de reproches ; je le sais : mais, si elle avait
été capable de toutes les abominations qu'il lui a
imputées, je ne lui aurais jamais pardonné, et elle
ne serait pas maintenant avec moi aux Champs Elysées, où elle jouit d'une considération distinguée,
et où elle a toutes sortes d'agrémens et de plaisirs,
ni plus ni moins que les autres ombres. Il est très-
sûr que j'ai été assassiné chez moi, l'an 1183 avant
Jésus-Christ. Tous les historiens ont prétendu que
ma femme y avait trempé pour quelque chose : le
fait est qu'elle n'y a trempé pour rien. Elle avait des
raisons de me croire mort, lorsqu'elle prit de l'incli-
nation pour Egisthe. Celui-ci me tua, en effet, à mon
retour chez moi : mais il ne fit pas part de son projet
à ma femme, qui s'y serait opposée de tout son
pouvoir, comme elle me l'a assuré depuis. Le cit.
Mercier lui a fait dire, par exemple, qu'*au mépris
de sa noble race, elle a pu sacrifier à de folles
ardeurs les hommages publics rendus à sa froi-
deur, et que l'amour, dont l'embrasaient les feux
illégitimes, l'a vouée au malheur, et peut-être à*

des crimes.... Tous ceux qui ont connu ma femme,
savent que ce n'était point là son style ; car elle s'ex-
primait purement et sagement ; ayant reçu, comme
on peut croire, une éducation très-soignée, digne
d'une reine de Mycènes et d'Argos. Il ne lui est jamais échappé de paroles aussi inconvenantes et aussi
ridicules ; et Clytemnestre n'a jamais passé pour
pécher du côté de l'esprit : elle en pétillait, au contraire ; et elle est encore regardée, aux Champs
Elysées, comme une des ombres les plus aimables de
sa société.....

J'apprends que j'ai été tourné, tout récemment
encore, en dérision, au théâtre du Vaudeville, où on
me fait jouer le rôle d'un mari imbécille, et où on
me fait chanter toutes sortes d'extravagances, quoique je n'aie jamais eu de voix de ma vie.... Croyez,
Messieurs, que c'est une grande mortification pour
un homme qui avait l'honneur de commander à tous
les rois de la Grèce, et qui avait le titre de Roi des
rois... Croyez que, si j'étais encore aussi puissant que
du temps de la guerre de Troie, les choses ne se pas-
seraient pas aussi doucement : j'aurais déjà distribué,
sur le Parnasse français, quelques coups de lance qui
vous dégoûteraient désormais, Messieurs, de vous
mêler des affaires domestiques d'une famille honnête

et respectable , qui ne vous a jamais fait aucun mal ; et dont vous avez fini , néanmoins , par faire une famille de bouchers , toute couverte de sang et dégouttante de meurtres.

Je suis très-parfaitement , Messieurs ;
Votre très-humble serviteur ,

AGAMEMNON.

COURS COMPLET

D'AGRICULTURE MODERNE,

PAR DEMANDES ET PAR RÉPONSES.

DEMANDE. *Qu'est-ce que c'est que l'Agriculture moderne ?*

Réponse. C'est l'art de cultiver la terre avec une plume, de l'encre et du papier.

D. *Y a-t-il besoin d'avoir un domaine pour être bon Agriculteur, et pour faire les expériences nécessaires aux progrès de l'art ?*

R. Point du tout : il suffit d'avoir une petite chambre garnie à un quatrième étage ou à l'entresol, dans une rue ou un carrefour de Paris.

D. *Ne faut-il pas avoir habité quelquefois la campagne, pour avoir une idée des travaux champêtres et des moyens de favoriser la fécondité de la terre ?*

R. La campagne est bonne pour les laboureurs, pour les pionniers, attachés aux vieilles routines : mais les gens de lettres qui exercent l'Agriculture transcendante, n'ont pas besoin de sortir des barrières

des grandes villes, d'où ils fécondent les champs
le mieux du monde, et font tout pousser et végéter
à merveille, sans quitter le coin de leur cheminée,
et moyennant de simples discours champêtres et
poétiques, qu'ils écrivent le matin, en pantoufles et
en robe de chambre.

*D. Que faut-il faire, d'abord, pour s'initier
dans cette science ?*

R. Il faut apprendre par cœur les Géorgiques,
les Bucoliques, le poëme des Saisons, des Mois, de
l'Homme des Champs, et généralement tous les vers
qui existent sur la campagne ; il faut se nourrir l'esprit du *Parfait Bouvier* et de tout ce qu'il y a de
bon dans ce genre, tels que les Cours d'Agriculture
d'Olivier de Serres, de l'abbé Rozier, etc.

D. Que faut-il faire ensuite ?

R. Il faut être honnête, et se faire recevoir membre
de beaucoup de Sociétés d'Agriculture.

*D. Combien y a-t-il de Sociétés d'Agriculture
en France ?*

R. Il y en a environ six cents.

D. Où sont-elles généralement établies ?

R. Elles le sont toutes dans les grandes villes.

D. A quoi sont-elles particulièrement occupées ?

R. A faire de l'esprit sur la végétation, à épier

la nature, à la prendre sur le fait autour d'un tapis de drap vert, et à la redresser avec art, quand elle s'avise de faire germer quelques graines sans leur permission, et contre les véritables principes de l'Agriculture.

D. Les laboureurs peuvent-ils être membres des Sociétés d'Agriculture ?

R. Ils en sont exclus de droit, à cause de leurs anciens préjugés.

D. N'y a-t-il que les gens de lettres qui doivent y être admis ?

R. On y admet aussi, avec beaucoup de succès, les avocats, les procureurs, les médecins, les apothicaires, les géomètres, les astronomes, les musiciens, et les architectes.

D. Quel doit être le but essentiel de l'Agriculture ?

R. Il doit être de nourrir les esprits bien plus que les corps ; de proscrire les productions communes, qui nourrissent les hommes d'une manière si triviale depuis tant de siècles ; de propager les végétaux qui ont une racine grecque ou une dénomination étrangère ; d'inventer de nouvelles charrues, de nouveaux instrumens aratoires, qu'on puisse montrer par curiosité, et qui soient tellement beaux, qu'ils ne puissent servir à rien qu'à la théorie : c'est de fumer la terre par des procédés tirés uniquement de la chimie ; d'inventer du fumier qui ait des sels plus délicats et un principe plus noble que celui dont on se sert ordinairement sur la terre.

D. Quelles sont les productions les plus impor-tantes et les plus utiles au peuple ?

R. Ce sont celles qui viennent sous verre, sous châssis, sur couche, dans les serres chaudes, sur les rochers, sur les montagnes les plus escarpées.

D. Quelle serait la plus importante révolution à opérer, en ce moment-ci, dans l'Agriculture ?

R. Ce serait de convertir toutes les terres en prairies artificielles, en pâturages ; de substituer par-tout le triolet, le sainfoin, la luzerne, le gazon anglais et l'avoine, aux autres productions propres à la nourriture de l'homme, et cela pour favoriser celle des bêtes, aux dépens de la nôtre. Il doit nous suffire de bien raisonner économie et agriculture ; et les hommes pourraient même se mettre à manger des végétaux, sans inconvénient, comme les bêtes, sans que cela pût les empêcher de devenir membres de Sociétés d'Agriculture et autres.

D. Quelle serait encore l'innovation avantageuse à favoriser ?

R. Ce serait de multiplier à l'infini les jardins anglais.

D. En quoi consiste l'art des jardins anglais ?

R. Il consiste à avoir l'horreur des lignes droites et des surfaces planes ; à soumettre les arbres, les arbustes, les fleurs de tous genres, à un désordre bien ordonné ; à tout planter et semer en zigzag ; à viser à la confusion, au chaos ; à faire enfin une Macédoine de ses propriétés.

D. Que doit faire un propriétaire raisonnable qui a envie de manger son bien le plus promptement possible, et de la manière la plus savante ?

R. Il doit se hâter d'appliquer à ses domaines les principes de l'Agriculture moderne.

D. Quels sont les deux plus savans membres des Sociétés d'Agriculture, connus dans ce siècle ?

R. C'est un gentilhomme anglais et un apothicaire de Paris, qui ont inventé des soupes composées de racines et de vieux os, au moyen desquelles on peut se passer de blé, de froment et de pain.

D. Quel est le plus bel arbre du monde ?

R. C'est l'acacia.

D. Quel est le plus utile ?

R. C'est l'acacia.

D. Quel est le plus bel arbuste ?

R. C'est, sans contredit, le rododindrum.

D. Quelle est la plus belle fleur ?

R. C'est l'hortensia.

D. Comment doit être définitivement un homme qui sait bien toutes ces choses-là , et qui est parvenu à être membre d'une Société d'Agriculture?

R. Il doit être un peu fier ; il doit garder une certaine dignité dans ses manières et ses discours ; il doit se regarder enfin comme la colonne , ou plutôt comme le père nourricier de l'Etat.

PROSPECTUS

D'UN NOUVEAU COURS DE PHILOSOPHIE,

· Ouvert, rue de l'Antechrist,

Par le citoyen FURIUS EMPIRICUS.

PERSONNE n'a plus que moi le droit de proposer au public un Cours de Philosophie. On sait que, depuis quatorze ou quinze ans, je me suis occupé exclusivement de cette science, avec toute l'activité dont je suis capable. C'est au moment où elle commence à être négligée, et où la tradition des bons principes est prête à se perdre, qu'il est du devoir de tout bon citoyen de prendre les moyens de conserver cette tradition, et de la faire passer, pure et sans tache, à la génération naissante, comme aux générations qui vont suivre. Il n'appartient qu'à un homme pur et sans tache lui-même, de se pré-senter hardiment avec le flambeau de la Philosophie, pour en faire briller la lumière dans tous les coins et recoins de la société. Celui qui a été, pendant près de trois lustres, dans un état de révolte et d'insurrection ouverte contre toutes ces vieilles ins-titutions, tant civiles que religieuses ; celui qui n'a cessé de déclamer contre elles, soit sur les places publiques, soit dans les carrefours, les tribunes et autres lieux, où on le voyait toujours demander à grands cris la parole, et ne la quitter que lorsque l'extinction de voix et l'égosillement s'en mêlaient; celui-là, dis-je, est, sans contredit, particulièrement appelé à donner des leçons de Philosophie, sans crainte qu'on puisse l'accuser d'enseigner ce qu'il ne sait point. On me saura gré, sans doute, de consacrer les dernières années de ma vie à l'enseignement de la science où j'ai excellé, notoirement, pendant tout le temps de mon âge mûr. Je suis, à la vérité, en ce moment, goutteux, podagre, asthmatique, étique, paralytique, borgne, boiteux, manchot, cassé et brisé; mais je suis encore excellent pour enseigner : toutes mes infirmités sont le fruit de l'expérience ; et mon esprit a heureusement conservé toute sa rectitude, quoique logé dans un corps qui est tout de travers.

Je propose un Cours de Philosophie, qui sera ouvert le 1.er thermidor prochain, dans une salle commode et bien éclairée, où il y aura une espèce d'échafaud, sur lequel on pourra me voir à son aise de toutes les places, et d'où ma voix se fera entendre de manière à ce qu'on ne perde pas un mot de tout ce que je dirai en l'air.

La séance sera divisée en quatre parties. Dans la première, je traiterai à fond de l'impiété, de l'incrédulité, de l'athéisme ; et je puis affirmer qu'au bout de douze leçons , l'homme le plus bouché pourra se flatter d'être aussi impie, aussi incrédule, aussi athée, que je puis l'être moi-même. Je me fais fort d'extirper en très-peu de temps toute espèce de préjugés, et de déraciner les croyances les plus profondes , sans qu'il en reste les moindres traces ou cicatrices : j'arracherai, sans douleur, jusqu'aux plus petites semences d'idées religieuses qui pourraient avoir germé, même chez les femmes d'un certain âge ; et je guérirai radicalement toutes sortes de scrupules et autres maladies de l'esprit, les plus invétérées et les plus tenaces.

La seconde partie sera consacrée à la politique. Je traiterai des gouvernemens, en 250 articles ou sections, qui contiendront 250 principes fondamentaux , dont je tirerai 500 conséquences, d'où découleront nécessairement la liberté , l'égalité absolue, et le bonheur parfait de la race humaine. Je donnerai des modèles de constitutions libérales, applicables aux peuples de toutes les couleurs, et dont il suffira de leur faire lecture, pour leur procurer toutes les douceurs qui doivent naître de l'association politique.

La troisième partie traitera des sciences exactes ; appliquées particulièrement à la pensée. La pensée, comme la ligne géométrique, n'a ni largeur ni épaisseur : ainsi toutes les opérations de l'esprit peuvent être facilement exprimées avec ces lignes. Il y a des pensées droites et des pensées courbes. Les pensées droites peuvent être perpendiculaires, parallèles, ou obliques, comme les lignes droites considérées les unes par rapport aux autres. Les pensées courbes peuvent être divisées en circulaires, convergentes, génératrices, hyperboliques, logistiques, *et cœtera*. Il y a autant de pensées courbes, qu'il y a de différentes façons de tortiller une ligne, ou qu'on peut imaginer, en géométrie, de différentes lois de rapports entre les ordonnées et les abscisses. Avec un compas, une règle, un cordeau, et autres outils compris dans un étui de mathématique, on peut faire, en quelque sorte, le portrait de l'esprit humain, avec une ressemblance frappante. Nous donnerons une méthode simple pour apprendre, au moyen de quelques opérations algébriques, à penser tout seul, en moins de six mois.

La quatrième et dernière partie traitera de la métaphysique, ou de la science de la raison des choses. J'aurai raison de tout ce qui existe dans la nature. Je ne dirai rien, sans savoir ce que je dis, pourquoi je le dis : quand je parlerai, je dirai pourquoi je parle ; quand je me tairai, pourquoi je me tais, et ainsi de suite. J'en viendrai jusqu'à dire les raisons des raisons des choses. Je traiterai, en gros, de la matière, du vide, du mouvement, du repos, du néant ; de l'ame considérée comme instinct, de l'instinct considéré comme ame ; des bêtes considérées dans leurs rapports avec moi en particulier, et avec tous les Philosophes en général ; de la chaîne des êtres, de la nature, du droit naturel, de la religion naturelle, des appétits naturels ; de la nature, encore une fois, tant qu'elle ne sera pas épuisée ; de l'essence des choses, et enfin de toutes sortes d'essences et quintessences. Je ferai sur tout cela des raisonnemens tellement déliés et subtils, que je m'y perdrai de temps en temps moi-même, pour donner, en quelque sorte, une idée des hauteurs et des profondeurs de la saine métaphysique.

Pour récréer mes écoliers, qui pourront être quelquefois rebutés de la sécheresse des matières philosophiques, les entr'actes de mes leçons seront consacrés à de petits divertissemens innocens. Tantôt je dirai quelques drôleries aux dames ; car les dames seront admises : tantôt je jouerai de la clarinette ou du tambour de basque, et je ferai différentes gentillesses qui contribueront à donner de l'intérêt à mon Cours. Je finirai par escamoter.

Comme on est sujet à s'échauffer , en matière de Philosophie, pour amener la lumière qui naît du choc des opinions ; comme le choc des opinions amène naturellement le choc des personnes ; on aura la liberté , dans la salle de mes séances, de se choquer à son aise , et de se servir librement, à cet effet, de ses pieds, de ses mains, et de ses bâtons, *ad libitum.* J'exigerai cependant pour moi quelques respects et quelques égards , mais pendant mes leçons seulement : aussitôt après, je rentrerai dans la classe commune , et alors je ne refuserai pas quelques petits soufflets , et quelques légers coups de pieds dans le derrière.

FURIUS EMPIRICUS.

DIALOGUE

ENTRE

UN MARI et SA FEMME.

LA FEMME.

Je vous préviens, Monsieur, qu'à compter d'aujourd'hui, j'entends être libre et indépendante. Je secoue décidément le joug que je porte depuis cinq ans. Vous pouvez, dès ce moment, vous dispenser de prendre un ton de mari, et de m'intimer des ordres qui me déplaisent, et auxquels je n'obéirai point.

LE MARI.

Eh ! Madame, d'où vous vient cette soudaine résolution ?

LA FEMME.

J'ai pris la connaissance de mes droits et le sentiment de ma supériorité. On sait lire un peu, Dieu merci ! L'*Athénée des Dames* m'a fait ouvrir les yeux ; il m'a fait rougir de l'oppression qui pèse sûr moi, ainsi que sur tout mon sexe. Le temps est venu

T

de nous en délivrer; et il est juste, Messieurs, que nous vous donnions, à notre tour, *un peu de fil à retordre.*

LE MARI.

Comment donc ? vous m'effrayez ! Jusqu'à présent, vous aviez paru contente de moi. J'avais cherché à vous rendre heureuse, et je croyais y avoir réussi. Mais, sans parler de tout votre sexe, dites-moi un peu en quoi vous avez été personnellement opprimée.

LA FEMME.

En quoi, Monsieur ?.... En tout. D'abord, vous avez seul la clef de notre argent. Quand je vous en demande, vous me dites, tantôt que vous n'en avez point, tantôt que vous en avez très-peu; et, quand vous m'en donnez, c'est à si petites doses, que je n'ai pas de quoi me passer la moitié de mes fantaisies. Cependant vous vous êtes emparé de ma dot, qui était considérable; vous en jouissez à votre aise, et je ne jouis de rien.

LE MARI.

J'en jouis, parce que cela est dans l'ordre; parce que les lois me donnent l'administration de votre bien.....

LA FEMME.

Vos lois sont des grossières et des impertinentes.

D'ailleurs, qui les a faites ? Des maris comme vous, qui étaient bien aises d'opprimer leurs femmes. S'il y avait eu des législatrices mêlées aux législateurs, les choses ne se seraient pas passées ainsi: mais vous avez été les plus forts, et vous avez profité malhonnêtement de cet avantage.

LE MARI.

Hélas ! Madame, la force est la loi universelle de la nature....

LA FEMME.

C'est la loi des taureaux et des crocheteurs ; c'est une infamie. Je ne sais pas comment un homme de bonne compagnie ose en parler devant une femme. Monsieur est fort content, à ce qu'il paraît, de cette loi universelle de la nature. Il ne vous reste plus qu'à me colleter et à me terrasser avec vos vilains bras nerveux, qui font horreur.

LE MARI.

Ah ! ma chère amie,...

LA FEMME.

Je ne suis point la chère amie d'un être qui est plus fort que moi, et qui peut, d'un moment à l'autre, m'assommer à coups de poings.

T 2

LE MARI.

A merveille, Madame! Vous savez bien qu'il y
a de bonnes raisons pour que nous n'en agissions
pas ainsi avec un sexe que nous aimons, que nous
adorons.

LA FEMME.

Vous lui faites beaucoup d'honneur.

LE MARI.

Du reste, ne m'en veuillez pas personnellement,
je vous prie. J'ai trouvé la loi établie, et j'en profite
de la manière que je juge la plus favorable à notre
commun bonheur. J'administre vos biens et les miens
en bon père de famille, comme je le dois. Je mets,
à la vérité, quelques entraves à vos desirs, à vos
fantaisies, qui ne calculent pas toujours bien, et
qui iraient souvent au-delà de notre fortune : mais
je vous rends service, ainsi qu'à moi, et je crois que
tout est mieux arrangé.... J'en demande pardon à
Mesdames de l'Athénée.

LA FEMME.

Et moi je trouve tout cela si mal arrangé, que je
le dérangerai, ou il n'y aura pas moyen. Tandis que
ces Messieurs administrent en bons pères de famille,
les mères de famille manquent de tout. Enfin, n'est-

ce pas une honte ! je n'ai pas encore pu meubler mon salon en cachemire. J'ai encore dans ma chambre un grand vilain lit à la duchesse, où je ne dors point. Vous me laissez promener avec une voiture carrée et des chevaux noirs qui font horreur, tandis que tout le monde a des bombonnières et des chevaux alezans. Enfin, les trois quarts du temps, je manque de capotes, de pélerines, de toques, etc.

LE MARI.

Je vois fort bien que, si vous en aviez le pouvoir, nos domaines se convertiraient bientôt en capotes et en bombonnières; et cela me prouve que nous avons sur vous d'autres avantages que celui de la force...

LA FEMME.

Ah ! je vous vois venir: Monsieur compte apparemment avoir plus d'esprit que moi, plus de jugement, plus d'instruction. Vous me feriez plaisir de me prouver cela, à moi, qui vous connais, depuis six ans, comme si je vous avais fait.... En vérité, vous me faites pitié !.... Mais savez-vous bien que vous êtes quelquefois une grosse bête; que vous êtes très-ennuyeux, très-maussade; que, sans me vanter, je suis dix fois plus aimable que vous ? C'est du moins l'avis de tous ceux qui nous entourent. Savez-vous bien que, si je voulais, je vous tromperais toute la journée ; que je.....

LE MARI.

Je connais toute l'habileté de votre sexe en ce genre.

LA FEMME.

J'espère que nous vous forcerons bientôt à nous rendre justice dans tous les genres ; et je vous prouverai que je vaux mieux que vous de toutes façons, à la force près, que je ne peux pas vous contester, quoique vous ne soyez pas un turc. Je vous avertis que je vais m'adonner à la littérature et aux belles-lettres. Je vais travailler à un journal. Je me suis engagée à fournir des articles à l'Athénée des Dames. Nous allons tâcher, Messieurs, d'avoir de l'esprit, si vous voulez bien le permettre ; et nous verrons si vous avez un privilége exclusif....

LE MARI.

Vous plaisantez, ma chère amie, ou vous perdez la tête. Vous voulez travailler à un journal ! vous voulez écrire pour le public ! mais il faudrait commencer par apprendre un peu d'orthographe.

LA FEMME.

C'est donc une belle science que l'orthographe !

Ne dirait-on pas que cela influe sur les idées, et qu'on soit une sotte, pour quelques lettres de plus ou de moins? Ne trouverai-je pas d'ailleurs un pédant qui se chargera de ces accessoires ? Me direz-vous aussi qu'il faut savoir l'orthographe pour composer des romans? Je vais cependant en composer un, avec votre permission.

LE MARI.

Un roman aussi, bon Dieu !

LA FEMME.

Oui, Monsieur, un roman. J'ai déjà un héros tout prêt, et une héroïne toute prête....

LE MARI.

Ah! Madame, épargnez-vous cette peine. Ne savez-vous pas que les faiseuses de modes, les lingères, les laquais même, commencent à être dégoûtés de ce genre de littérature, qui achève de tuer le bon goût, le bon sens, et les bonnes mœurs ? N'augmentez pas encore, de grâce, ce fatras de paperasses romanesques ou romantiques, qui sont devenues une véritable calamité littéraire. En vérité, celui qui pourrait arrêter ce torrent débordé qui s'est emparé de toutes les imprimeries, de toutes les bibliothèques, de toutes les toilettes, de toutes les

cheminées, rendrait un service éminent à la société.

LA FEMME.

Je reconnais bien là . mon barbare, mon brutal,
qui n'a, ni esprit, ni sensibilité, ni délicatesse; qui
n'a jamais versé de douces larmes au sujet de ces
héros et de ces héroïnes imaginaires, lesquels en
valent bien d'autres, je crois, puisqu'on leur prête, à
volonté, toutes les vertus, toutes les perfections, qu'on
chercherait inutilement dans les êtres réels.

LE MARI.

Me direz-vous un peu qui aura soin de vos deux
petites filles, pendant que vous vous occuperez des
êtres imaginaires ?

LA FEMME.

Vous vous moquez ! Vous imaginez-vous que je
vais devenir l'institutrice et la maîtresse d'école de
mes enfans ? Cela est bon pour des femmes de
comptoir et pour de petites bourgeoises. D'ailleurs, ne pouvez-vous pas vous-même vous occuper
de cette éducation ? Vous n'avez rien de mieux à
faire. Vous êtes bien heureux que j'aie voulu nourrir
mes filles de mon propre lait. Je ne l'aurais pas fait
très-certainement, si J. J. Rousseau ne l'avait pas
conseillé dans un style aussi enchanteur , et s'il

n'avait pas mis la *nourriture* à la mode. Enfin, Monsieur, je veux faire parler de moi; je m'ennuie de mon obscurité; les femmes dont on ne dit rien, sont des sottes qui vivent en esclaves sous la dépendance de leurs maris. Pour moi, je suis décidée à me mettre dans les rangs des femmes savantes, et à chercher, dans l'étude, des moyens de résistance à l'oppression.

LE MARI.

Ah! Madame va étudier: cela sera nouveau.

LA FEMME.

Oui, Monsieur, l'étude me fera du bien: d'ailleurs, *hæc studia adolescentiam alunt, senectutem oblectant, secundas res ornant, adversis perfugium ac solatium præbent.....*

LE MARI.

Miséricorde! du latin. Eh! où l'avez-vous pris, s'il vous plaît?

LA FEMME.

Ne croyez pas que je sois au bout. Juvénal donne à entendre positivement que vous êtes des corbeaux, et que nous sommes des colombes:

Dat veniam corvis, vexat censura columbas.

LE MARI.

Quelles colombes, grands dieux! Je sens bien que
ce sera aux corbeaux à vous céder la place. Je m'en-
vole, Madame : votre latin m'a tellement effarou-
ché.....

LA FEMME.

Un petit moment, Monsieur, j'ai quelque chose
à vous dire encore.... J'ai besoin aujourd'hui de
cinquante louis; il me les faut absolument.

LE MARI.

Les corbeaux n'ont point d'argent en ce moment-
ci : j'en suis bien fâché. Demandez-en à Cicéron, à
Juvénal, ou aux colombes qui font l'*Athénée*.

(Il se sauve.)

LA FEMME, *seule.*

Le tyran se moque de moi. Mais on m'a conseillé
un moyen qui peut suppléer à la force, et avec lequel on obtient tout d'un mari, à moins qu'il ne
soit un monstre. Je ne suis pas trop sujette aux convulsions et aux maux de nerfs : mais j'en prendrai ;
cela n'est pas bien difficile. De plus, je m'évanoui-
rai, je me trouverai mal ; et nous verrons...

HISTOIRE

MERVEILLEUSE ET VÉRITABLE

D'un Actionnaire de la Banque LAFARGE,

Ecrite par lui-même.

J'AI toujours singulièrement aimé à lire les Prospectus, parce qu'ils sont presque toujours écrits dans un style pur, élégant et fleuri, qui gagne l'esprit et qui va au cœur. Cette lecture m'a coûté beaucoup d'argent, à la vérité ; car je n'ai jamais manqué de me laisser aller à la séduction, et d'aller porter mes fonds à tous les établissemens qui se sont présentés, sans que jamais il me soit resté autre chose que le souvenir que laisse une lecture délicieuse. Mais cela ne m'a point dégoûté, Dieu merci ! La tontine Lafarge s'est offerte à moi avec des périodes extrêmement arrondies, harmonieuses, et embellies de tous les prestiges de l'éloquence. D'ailleurs, elle promettait des avantages pécuniaires au-dessus de ceux des autres tontines, et qui semblaient avoir une base d'autant plus solide qu'elle était fondée sur la fragilité de la vie humaine. On me flattait, d'après les calculs perfectionnés de MM. de Buffon et de Parcieux, que, sur cent actionnaires, il en mourrait régulièrement six pour cent; et qu'il y aurait, par conséquent, une reversibilité constante et uniforme des actions des morts sur les actions des vivans. Pour m'assurer de la justesse de ce calcul, j'allai vérifier les registres mortuaires de St.-Eustache (c'est ma paroisse), et je m'assurai, par mes yeux, qu'au lieu de mourir à raison de six sur cent, on y mourait volontiers à raison de huit. Alors je me précipitai sur la banque Lafarge, et je priai ces Messieurs de vouloir bien convertir sur le champ le reste de mon bien en tontine; à quoi ils voulurent bien consentir, en me gratifiant, par-dessus le marché, de plusieurs exemplaires de leur Prospectus, dont l'élégance me frappa de nouveau.

Je me retirai tranquille chez moi, attendant qu'il plût à mes camarades de *s'éteindre* dans la proportion stipulée dans mon bref. Au bout de l'année, me trouvant avoir besoin de fonds, je me présentai à la banque. Je demandai honnêtement si la mortalité humaine allait son petit train; s'il y avait de quoi vivre avec les morts; et je m'informai, avec empressement, de l'état de la santé de cent dix-neuf mille quatre cent soixante-huit personnes composant la

masse des actionnaires, sans me compter. Un commis
à qui je m'adressai, me dit qu'il m'était bien obligé,
de leur part, de ma politesse ; que tous se portaient
à merveille ; et il m'exhiba des registres mortuaires
en blanc. A la bonne heure, lui dis-je : l'année suivante me dédommagera ; car il faudra nécessairement qu'on y meure à douze pour cent : autrement,
il y aurait erreur et lésion... Je repasserai. — Je re-
passai, en effet, six mois après, ayant senti augmenter mes besoins. J'obtins la même réponse ; les
actionnaires semblaient s'être donné le mot pour
jouir de la meilleure santé. Pour le coup, je me
retirai un peu piqué. J'en voulais sur-tout à MM. de
Buffon et de Parcieux, que je regardai comme les
seuls coupables, et comme ayant induit en erreur
M. Lafarge sur la *moyenne proportionnelle de la
longevité* des hommes, et sur la délicatesse de leur
santé. Cependant j'étais talonné par mille besoins,
et j'avais, pour mon compte, la mort sur les lèvres.
C'était bien une espèce de consolation pour moi,
qui suis né bon et sensible ; car, disais-je, si personne ne veut mourir pour m'obliger, je mourrai
moi-même, et cela obligera quelque malheureuse
famille sur qui retombera mon action. J'ai dit que
j'avais la mort sur les lèvres ; mais elle ne voulut
pas aller plus loin. Je restai debout et assez vivace.
Cela me parut d'autant plus étonnant, que je ne

mangeais presque point , n'ayant pas l'occasion de dîner *gratis*, et n'étant affilié à aucune société épi-curienne. Il ne restait presque plus rien dans mon domicile , qu'une couchette et des Prospectus. Je jugeai qu'il y avait là-dessous quelque chose de surnaturel ; mais , ne pouvant deviner ce que c'était, le désespoir me prit un matin. Je formai le projet de me jeter par má fenêtre , qui était située avan-tageusement à cinquante degrés au-dessus de l'entre-sol. Après avoir fait quelques légères dispositions testamentaires , je me mis en train et je pris mon élans. Je ne languis pas beaucoup en l'air : cepen-dant j'eus encore le temps d'y faire quelques réfle-xions sur les tontines en général, et sur la tontine Lafarge en particulier. Je sentis parfaitement que ma vîtesse était multipliée par ma masse , et je m'at-tendais bien à arriver sur le pavé en capilotade. Mais voyez un peu la singularité de ma destinée : au moment de ma chute , une charrette à foin passa sous mes fenêtres ; je tombai dessus , et , au lieu de me faire le moindre mal , je me donnai au contraire une secousse agréable , qui me remit les humeurs en équilibre , et qui me fit un bien infini. Cela me raccommoda un peu avec la vie , et je résolus de la conserver , quoiqu'elle fût à charge à plus de cin-quante mille familles honnêtes , intéressées , comme moi , à la mortalité humaine. Je me mis à voyager , un peu pour m'étourdir sur ma situation, espérant trouver du moins, à mon retour, les registres de la banque en meilleur état, d'autant mieux que je laissais alors mon pays (c'était en 1793) dans des dispositions assez meurtrières. Je partis, après avoir emprunté quelque argent, et avoir donné pour caution mes espérances bien légitimes. Je n'avais d'autre passeport que mes coupons d'actionnaire. Je fus arrêté à toutes les municipalités de ma route : mais, sur le simple vu de mes coupons, on jugea que je n'étais pas né, dans la classe suspecte des riches ; on crut voir que je n'avais rien, et on me relâcha par-tout.

J'arrivai à Bordeaux, où, après m'être reposé un instant, j'allai m'informer s'il ne partait point quelque vaisseau pour les Antilles. On me dit que la frégate l'*Impérissable* était sur le point de faire voile pour St.-Domingue, et que j'avais une heure pour faire mes malles. Je n'en pris pas tant, et je fus prêt à être embarqué sur le champ. Après trois jours de navigation heureuse, nous fûmes accueillis par une tempête horrible, qui nous mit bientôt dans le plus grand danger. L'*Impérissable* avait déjà beaucoup souffert dans ses autres voyages, et ne put lutter long-temps contre la tourmente. Elle finit par couler à fond et par périr toute entière. L'équipage périt aussi. Seul, je m'accrochai, comme par miracle, au mât de misaine, qui flottait au gré des ondes déjà apaisées. Ensuite, m'étant saisi d'une longue perche, qui me servit de balancier, je me mis à me promener, tout droit, de long en long, sur ce mât, à l'imitation de *Forioso*. On juge des réflexions que je dus faire dans cette position extraordinaire, au milieu de l'immense Océan, et ne devant pas espérer de faire une promenade bien longue, faute de nourriture, et pouvant perdre l'équilibre à tout moment, malgré le secours de mon balancier. Mais quelle fut ma surprise, de voir arriver de loin un petit vaisseau! Je me hâtai de faire des signaux de détresse, et d'arborer, pour ainsi dire, pavillon d'Actionnaire, en faisant brandir en l'air mes coupons de banque et mon mouchoir de poche. Je fus donc encore miraculeusement sauvé, recueilli, et emmené sain et sauf à ma destination, ne sachant que penser et que dire d'une aussi incroyable aventure.

Saint-Domingue était, au moment où j'y arrivai, dans l'état le plus déplorable. Je me fis conduire au quartier Jérémie, où je devais avoir quelques colons de ma connaissance. Je n'y fus pas plutôt arrivé, que des nègres furieux et révoltés se mirent à égorger tous les blancs, sans distinction de sexe ni d'âge. J'étais assurément plus blanc que personne, d'après mon extrême pâleur et l'air exténué que j'avais. J'attendais mon tour avec résignation, et je tendais déjà la gorge de la meilleure grâce du monde. Je la tendis inutilement. Je dis à un nègre marron qui s'avançait vers moi, enivré de carnage, qu'il était bien malheureux, pour un actionnaire de la banque Lafarge, de mourir à la fleur de son âge, uniquement parce qu'il avait eu le malheur de naître avec une peau un peu plus belle que celle d'un Africain. Je n'eus pas plutôt dit ces paroles, que le nègre prit une figure riante, et me sauta au cou, pour m'embrasser de la manière la plus aimable, au lieu de me dévorer et de me mettre en pièces. Il me prit dès-lors sous sa protection, et je restai, seul de ma couleur, dans le quartier Jérémie, avec la plus parfaite sécurité.

Ennuyé de ce séjour, aussi triste que son nom semblait l'annoncer, je profitai du premier vaisseau qui partait pour la France, songeant que j'avais assez voyagé, et étant bien aise de venir m'occuper de mes petites affaires. Je fus bientôt de retour à Bordeaux, sans avoir éprouvé le moindre accident. Me trouvant au spectacle dans cette ville, le jour de mon arrivée, j'eus le malheur de marcher, par mégarde, sur le pied d'un gascon qui était à côté de moi. Il trouva en cela son honneur tellement compromis, qu'il me dit à l'oreille que j'étais un lourdaud, que j'aurais la bonté de le suivre, et qu'il allait m'apprendre à marcher. Je le suivis, et il fut convenu, en chemin, que nous nous enfoncerions l'un ou l'autre une épée dans le ventre, jusqu'à ce que mort s'ensuivît. Arrivés sur le champ de bataille, je dis à mon homme : mon cher, je me bats à regret contre vous ; je vous tuerai, j'en suis sûr. Les actionnaires de la banque Lafarge sont heureux, et j'ai l'honneur d'être un des actionnaires de cette banque. Eh ! qu'a de commun, me répondit-il, cette banque avec notre affaire ? il n'y a pas d'actionnaire qui tienne ; allons, en garde. Il n'y avait rien à répliquer ; je me mis en garde. Je n'avais jamais manié d'épée, ayant passé ma vie la plume à la main, dans les calculs et les spéculations. Je n'eus pas plutôt alongé le bras, que mon gascon se trouva enfilé jusqu'à la garde, comme si on l'avait embroché exprès. Je retirai mon épée de son corps avec beaucoup de peine, et il tomba mort et noyé dans son sang. Cela m'affecta vivement, d'autant mieux qu'il n'était point actionnaire, et que je ne gagnais absolument rien à sa mort. Je n'eus rien de plus pressé, après cette affaire, que d'arriver à Paris. Mon premier soin, comme on peut croire, fut de me présenter à la banque. J'avais, en entrant, le pressentiment singulier que je trouverais les choses dans l'état où je les avais laissées. On me dit, en effet, qu'il n'y avait rien de nouveau, qu'on était désolé; mais que les actionnaires de la banque avaient tous l'ame chevillée dans le corps. Cela ne m'étonne point, répondis-je; je l'aurais parié. Vous pouvez vous flatter d'avoir une banque unique dans son espèce; et je ne voudrais pas, pour un empire, n'être pas couché tout de mon long sur votre grand livre. Enfin, après des réflexions plus profondes, rentré chez moi, il ne me fut pas difficile de reconnaître, comme on dit, le doigt de Dieu dans la banque Lafarge, et de voir que, décidément, l'immortalité nous était accordée en faveur de nos *bonnes actions*..... Ce qui fait bien voir qu'il ne faut jamais, encore une fois, négliger de lire les Prospectus, et de porter son argent aux différens particuliers qui font des spéculations de finance.

COURS
COMPLET ET ABRÉGÉ
D'EDUCATION,

A l'usage du dix-neuvième siècle,

PAR DEMANDES ET PAR RÉPONSES.

LE MAITRE.

QUI vous a créé et mis au monde ?

L'ECOLIER.

C'est mon papa et ma maman, avec l'aide de l'Être-Suprême, autant que je puis croire.

LE MAITRE.

Pour quoi faire avez-vous été créé et mis au monde ?

L'ECOLIER.

Pour jouer du violon, de la clarinette, ou du forté ; pour danser, chanter, fredonner, pirouetter, suivre la mode, faire des calembours, *et cœtera.*

LE MAITRE.

Qu'est-ce que c'est qu'un calembour ?

L'E c o l i e r.

C'est de l'esprit sur des mots.

L e M a i t r e.

Faites-moi un peu d'esprit sur un mot,... sur
l'éducation, par exemple.

L'E c o l i e r.

Il n'y a point d'heiduque à Sion.

Histoire et Mythologie.

L e M a i t r e.

Citez-moi quelques grands hommes anciens et
modernes.

L'E c o l i e r.

Apollon, Linus, Orphée, Amphion, Vestris,
Forioso, Martin, Garat, M.lle Pingenet, M.lle Philis,
Rhodes pour les concèrto, et Julien pour les con-
tre-danses.

L e M a i t r e.

Citez-moi une particularité remarquable sur Linus,
fils d'Apollon et de Terpsichore, dont vous venez de
parler.

L'E c o l i e r.

Linus fut le maître de musique d'Hercule; mais
l'écolier cassa, un jour, avec sa lyre, la tête à son

maître, parce que celui-ci l'avait réprimandé avec un peu trop de sévérité.

LE MAITRE.

Quel fruit tirez-vous de ce trait ?

L'ECOLIER.

J'en tire la conséquence qu'un maître ne doit jamais réprimander trop sévèrement son écolier ; et qu'Hercule donna une leçon utile aux maîtres futurs, en cassant son instrument sur la tête de Linus.

LE MAITRE.

Dites-moi quelque chose de l'histoire de Vénus.

L'ECOLIER.

Elle eut un grand nombre d'amans. Elle épousa Vulcain ; mais elle ne put le souffrir, à cause de sa laideur : elle lui joua toutes sortes de tours ; elle le rendit la risée des dieux et des hommes, pour apprendre aux mal-bâtis et aux barbons qui ont la manie d'épouser des Vénus, qu'ils ne doivent pas s'attendre à les épouser impunément.

Géographie.

LE MAITRE.

Qu'est-ce que c'est que la Géographie ?

l'Ecolier.

C'est la connaissance des lieux et des pays.

le Maitre.

Quels sont les lieux qu'un jeune homme bien élevé doit connaître et fréquenter particulièrement tous les jours, excepté les dimanches ?

l'Ecolier.

Le palais du Tribunat, ci-devant Palais-Royal ; le boulevart des Italiens, la terrasse des Feuillans, le foyer de l'Opéra, Frascati, Tivoli, le hameau de Chantilli, les maisons de jeu, et tous les lieux où il y a des bals et des concerts.

le Maitre.

Nommez-moi quelques jeux.

l'Ecolier.

La rouge et la noire, la roulette, la bouillotte ; ensuite, la bague, l'escarpolette, etc.

le Maitre.

Que doit faire un jeune homme bien né qui a perdu tout son argent au jeu ?

l'Ecolier.

Se brûler la cervelle avec un pistolet, ou se jeter dans la rivière, *ad libitum*, après avoir rongé ses poings, grincé les dents, ou avalé quelques cartes.

Mode.

LE MAITRE.

Qu'est-ce que c'est que la Mode ?

L'ECOLIER.

C'est l'art de bien s'habiller, et de varier à l'infini son costume.

LE MAITRE.

Quelle est la Mode dominante, à l'heure qu'il est ?

L'ECOLIER.

La Mode est de mettre la plus grande partie de son corps dans sa culotte, la plus grande partie de sa tête dans son collet et sa cravate, la plus grande partie de son front dans ses cheveux, la plus grande partie de ses pieds hors ses souliers.

LE MAITRE.

Qu'est-ce que c'était que Titus-Vespasianus ?

L'ECOLIER.

C'était un Empereur des Romains, qui se fit adorer de toute la terre, principalement à cause de sa coiffure, qui consistait à porter les cheveux courts, hérissés et huilés.

L E M A I T R E.

Quel est l'homme de France qui coupe le mieux les cheveux à la manière de Titus-Vespasianus ?

L' E C O L I E R.

C'est le cit. Armand , perruquier , demeurant près du boulevart de la Magdeleine. Il tond ce qu'il y a de mieux à Paris en hommes et en femmes , et *il va en ville.*

L E M A I T R E.

Qu'est-ce que c'est qu'un tailleur ?

L' E C O L I E R.

C'est un artiste qui sait faire des habits avec la moitié des étoffes qu'on lui confie , et qui n'en fait pas moins la réputation de ses pratiques , quand il a du talent.

L E M A I T R E.

Chantez-moi un petit air , en tournant votre tête avec grâce , comme si elle était sur un pivot ; en faisant des efforts , comme si vous aviez un peu mal au cœur ; et en faisant des doubles croches , des batteries et des trills , sur des paroles quelconques.

L'Ecolier *chante un petit air comme
ci-dessus.*

LE MAITRE.

Jouez-moi un air de violon sur la chanterelle, en montant vos doigts jusqu'au chevalet, et en détachant, jusqu'à ce que vous soyez en sueur comme un charpentier ou un scieur de long.

L'Ecolier *exécute un concerto.*

LE MAITRE.

Faites-moi quelques pas et quelques pirouettes.

L'Ecolier *tourne, pendant un quart d'heure, comme un tonton, en se tenant sur le gros orteil.*

LE MAITRE.

Fort bien : allez-vous coucher, et levez-vous demain le plus tard possible, pour trouver la journée moins longue.

F I N.

TABLE
DES MATIÈRES.

PRÉFACE.   Page vij

AVERTISSEMENT.   xiv

VOLTAIRE,

OU

LE TRIOMPHE DE LA PHILOSOPHIE MODERNE;

Poëme.

CHANT PREMIER.   Page i

CHANT II.   i3

CHANT III.   25

CHANT IV.   38

CHANT V.   54

CHANT VI.   68

CHANT VII.   8o

CHANT VIII *et dernier.*   1oi

EPILOGUE.   115

Epitaphe de Voltaire.   12o

PIÈCES FUGITIVES EN VERS.

*Le Concert d'Amateurs, épître à M. M**.*   123

Feuilleton en vers sur le Concert du Salon d'Apollon.   132

Feuilleton en vers sur les Femmes Intrépides, Roman nouveau.   138

*Epître à madame E. de L**, qui demandait à l'Auteur s'il avait été chercher des Pierres ou des Simples sur les montagnes d'Auvergne.* 143

Feuilleton en vers sur le Désespoir de Jocrisse.   148

Epigramme naïve.   154

L'Esprit obligé.   155

Titus.   161

Réponse de la Veuve de l'Eléphant mort à Paris en 1802, à des Vers qui lui avaient été adressés dans le Journal de l'Ami des Campagnes. 162

Feuilleton en vers. — Dialogue sur les Vers de société et les Poésies fugitives.   166

PIÈCES FUGITIVES EN PROSE.

Avertissement sur la Pièce suivante. 175

TRIBUNAL DE LA PHILOSOPHIE. *Plaidoyer, par le citoyen B**, défenseur officieux de l'Étre-Supréme, accusé nouvellement encore devant le Tribunal de la Philosophie.* 176

Continuation de la cause de l'Étre-Supréme. Séance II. 181

Continuation de la cause de l'Étre-Supréme. Séance III. 186

Continuation de la cause de l'Étre-Supréme. Séance IV. 192

*Jugement rendu par le Tribunal supérieur de la Philosophie, sur le plaidoyer du cit. B**, défenseur officieux de l'Étre-Supréme.* 194

Traité de paix entre la Religion et la Philosophie. 198

Sur les Livres d'Education, et sur l'Emile de Rousseau. 203

Dialogue entre un Commentateur et un Abréviateur. 210

Lettre à M. Çavatini. 217

Dialogue entre un Poète et un Philosophe. 224

Discours d'un Perroquet à MM. les Disciples de Diderot et compagnie.   23i

Nouveau Catéchisme de Littérature, par demandes et par réponses, à l'usage des Commençans.   236

Recette pour faire, en peu de temps et à bon marché, un Philosophe de première qualité.   243

Musée philosophique. — Réception d'un Candidat.   249

Nécrologie.   254

Dialogue entre la Prose et la Poésie.   26i

Lettre d'Agamemnon aux Poètes français.   270

Cours complet d'Agriculture moderne, par demandes et par réponses.   277

Prospectus d'un nouveau Cours de Philosophie, ouvert, rue de l'Antechrist, par le cit. Furius Empiricus.   283

Dialogue entre un Mari et sa Femme.   289

Histoire merveilleuse et véritable d'un Actionnaire de la Banque Lafarge, écrite par lui-même.   299

Cours complet et abrégé d'Education, à l'usage du 19.ᵉ siècle, par demandes et par réponses.   3o8

Fin de la Table.

ERRATA.

Page 57, après ce vers, le troisième de la page :

Il part, il vole, et, burlesque guerrier,

Ajoutez celui-ci qui a été oublié :

Plein d'une ardeur qui n'est plus littéraire,
Il se présente. . . . .